岁时节庆

诗文里的广西

李斯颖
黄凤显◎著

广西教育出版社·南宁

图书在版编目（CIP）数据

岁时节庆 / 李斯颖，黄凤显著．-- 南宁：广西教育出版社，2024.7
（诗文里的广西）
ISBN 978-7-5435-9431-9

Ⅰ．①岁… Ⅱ．①李… ②黄… Ⅲ．①岁时节令－风俗习惯－广西 Ⅳ．①K892.18

中国国家版本馆 CIP 数据核字 (2024) 第 022464 号

SUISHI JIEQING

项目统筹：张星华
责任编辑：张星华　黎诗诗
装帧设计：杨　阳
责任校对：陆嫣澄　龙一新
责任技编：蒋　媛

出 版 人：石立民
出版发行：广西教育出版社
地　　址：广西南宁市鲤湾路 8 号　邮政编码：530022
电　　话：0771-5865797
本社网址：http://www.gxeph.com
电子信箱：gxeph@vip.163.com
印　　刷：广西昭泰子隆彩印有限责任公司
开　　本：880mm × 1230mm　1/32
印　　张：6.25
字　　数：103 千字
版　　次：2024 年 7 月第 1 版
印　　次：2024 年 7 月第 1 次印刷
书　　号：ISBN 978-7-5435-9431-9
定　　价：32.00 元

前 言

八桂的岁时节庆是中国传统历法与岭南农耕文化融合而生的，千百年来根据稻作生产需求而形成的岁时民俗独具一格。按传统习惯，农历一、二、三月为春季，四、五、六月为夏季，七、八、九月为秋季，十、十一、十二月为冬季，以四季为主线的春播、夏耕、秋实、冬藏创造了美妙的螺旋状升华。与农业生产周期相对应，在传统节日中便有了春祈、夏劳、秋报、冬腊的主题，每一年循环往复，有条不紊。这些对应于生产的节庆，内化在八桂各民族的精神世界中，成为他们重要的生活参照体系，也造就了独特的民俗传统。

八桂各民族的岁时节庆绚丽多姿，内涵丰富。它们依物质基础而生，井然有序地分布于四季之中，顺应气候的变化，应和岭南农业生产的节奏，使人们的生活张弛有度，自然和谐。每个季节都有若干节庆和民俗活动，它们展示着八桂各族百姓积极向上的精神力量与追求美好生活的信念，具有重要的社会功能和文化价值。在各种节日与习俗的潜移默化下，人们了解了历史，明白了生活的意义，并对未来生发出更多的希冀。日复一日，年复一年，中华民族的传统在延续，民族的精神绽放出耀眼的光彩，以四季为基调的组乐融入了八桂百姓的生命乐章。

八桂节日的起源多与祭祀神祇有关，而神祇的多样性决定了祭祀节日的丰富性。节日风俗代代传承，像一条永远奔腾的长河，伴着岁月行进，不断地发展、演变。八桂的岁时节庆往往集多种功能于一身，随着历史的发展、社会的进步，被赋予了新的内涵，从“娱神”转向了“娱人”，这体现了人们对自身的关注和对本地文化的认同。新中国成立后，人们对各种节庆活动的热情始终不减，但更倾向于从文化角度对其进行重新认知。一年四季农活不断，人们在岁时节庆感受传统，品尝美食，娱乐休闲，交流结友，放松身心——节日愈加“以人为本”了。

本书在以诗文介绍八桂岁时节庆的同时，兼顾了对不同民族和区域民俗活动、民族文化的关注和介绍，以期使读者能跟随字字珠玑的诗文，探寻一个个令人回味无穷的节日习俗，感受八桂文化传统，获得对中华民族多元一体的新感悟。

李斯颖

黄凤显

目 录

万物始新

春风酿暖雨初过

田月桑时

夏月田间庆有秋

五谷丰登

秋社人人笑语欢

里闾馈岁

冬酒围炉倒玉瓶

万物始新

春风酿暖雨初过

春季到来，万物复苏，春意融融。清代武缘（今南宁市武鸣区）壮族诗人韦丰华在《廖江竹枝词》中曾写道：

春风酿暖雨初过，青满平畴绿满坡。
试向黄林林外望，三三佳日好花多。

值此佳期，八桂各族百姓祭天敬祖，鞭春劝农，共庆春节、元宵节、春社，过花朝，祭花婆，赶歌圩……在纷至沓来的庆典之中，人们感受春的气息，体验春的希望，接收春的爱意；也通过一个个春的节日，播下希望的种子，祈盼着秋天的好收成。

岁首夭桃早自红

农历一月又称正月，在古代，还有建寅、孟春、杨月、太簇、泰月、春王等叫法。在这个月里，广西的人们庆祝春节、炮龙节、蚂蜴节及元宵节，还有求务、办灯酒会、拜庙等习俗。

立春是二十四节气之首，标志着春天到来，万物开始复苏。立春乃万物起始、一切更生之义，意味着新的四季轮回已开启。此时虽依然春寒料峭，但寒冬已尽，春回大地，大自然生机勃发。古人重视立春，在古时有迎春之仪。清代曾在合浦（今北海市合浦县）做过知县的浙江海盐人俞功懋（mào）在《合浦竹枝词》里点明了立春对于农户的重要性：

杏花风送千丝雨，九十阴晴看立春。

何事再权轻重水，丰年膏泽总均匀。

细雨纷飞，滋润大地，为人们带来春的气息。在古代，壮族人有立春日以十二杯水预测十二个月份雨水多少之俗，诗人则期待着月月风调雨顺，让大家不再需要费心预测。

史书记载了官府迎句（gōu）芒神、鞭土牛的习俗。民国《融县志》载："立春前一日迎句芒神，行户办抬阁，画工制花鞭，迎土牛于东郊之广化寺。至县治，民舁（yú）土牛以耕，长吏执鞭三策，一曰风调雨顺，二曰物阜民安，三曰天下太平，观者如堵。立春时，官吏祭神、打春，以土牛小颁布绅士。"

春节是中国最隆重的传统节庆，又被称为新春、新岁、新年、新禧、年禧、大年等，它产生于中国的农耕文明传统，以此为界，农事活动进入新的循环。

［清］黄钺《和丰协象·土牛鞭春》（局部）　台北故宫博物院藏

古时的春节指的是二十四节气中的立春，农历正月初一为新年，又被称为岁首、正旦、元旦、元日等。辛亥革命以后，中国开始采用公历（阳历）计年，以公历1月1日为元旦，以农历正月初一为春节。

清代岭南巨儒冯敏昌是广东钦州（今属广西）人。他才华横溢，擅长作诗，诗作辑为《小罗浮草堂诗集》等。他17岁时写下的这首《元日》，用词华丽，情感饱满高亢：

万户风光此日春，欢呼乐及啸歌人。
地无远近梅花发，杯有醇醪柏叶新。
丽日当空回暖气，青云入望兆佳辰。
无边淑景从欣赏，彩笔挥来意象真。

诗人描绘的是清代乾隆二十八年（1763年）的元日盛景。团聚在一起的人们饮酒纵歌，暖意融融，叫人怎能不欢欣鼓舞，对未来充满了期待呢?

清代才子、官至巡抚的谢赐履是广西全州人，著有《悦山堂诗集》等。他的五言诗《己丑元日》抒发了对新春第一日的感怀：

复此欢新节，椒觞随俗为。

不知人渐老，只觉岁频移。
山郭晴烟绕，庭枝淑气吹。
故园今日意，兄弟正追随。

正值新年岁首，诗人和亲朋好友宴饮欢聚，不胜欢乐。酒过三巡，禁不住要感慨年复一年，白驹过隙，但随着新春而来的是山水日渐明媚，庭院中的树木都在春风中舒展着身姿。诗人唯愿岁月静好，每年新年都能如同今日，有亲密的朋友长相伴随。

春节节期一般从腊月初八的腊祭或腊月二十三、二十四的祭灶开始，一直到正月十五才结束，有的地方甚至延续到农历二月初二。其中，除夕和正月初一是春节的高潮。春节饱含辞旧迎新、接禧纳福、合家团圆的美好寓意，文化内涵深邃，是中华民族自我认同的一个重要文化符号。2006 年，春节就已入选第一批国家级非物质文化遗产名录。2023 年 8 月，“春节——中国人庆祝传统新年的社会实践”成为我国 2024 年度申报联合国教科文组织（UNESCO）人类非物质文化遗产代表作名录的项目。

八桂各族大都有欢度春节的传统，人们举办各类丰富的地方性活动，包括拜社祭庙、贴春联、对山歌、打春堂、抛绣球、碰红蛋等。大人们忙着准备祭品和置办过年的新衣、美食，孩子们打陀螺、玩尺木，到处都是欢声笑语，展示着中华民族文化的绚丽丰富。

清代壮族诗人郑小谷（字献甫）是象州（今来宾市象州县）人，道光年间进士，曾任刑部主事。他任职不久便辞去官职，回到家乡。此后在庆远、桂林、广州、顺德、象州等地主持书院，三十余年桃李遍及岭表。他一生著述丰厚，存诗众多，代表诗集有《鸿爪续集》《鸦吟集》等。他的一首《丁巳元旦》再现了元日迎春、拜年等习俗：

万象回春满目前，四郊多垒近城边。
银幡金胜逢元日，竹马泥车忆早年。
人事繁华真别样，天行朝暮只依然。
胜常利市频频道，赢得儿童吉语传。

旧时，人们在元日剪彩绸制作春幡挂于树上或插在头上，象征迎春。儿童把竹枝当马骑，玩着泥车玩具，不亦乐乎。见面的大人们相互道“胜常利市”这类吉祥的话，儿童也学着说吉祥话，人人都是笑逐颜开。

八桂百姓也有新年贴对联或挂桃符的习俗，以此祈求来年诸事顺遂，阖家平安。俞功懋的《合浦竹枝词》

就提及了当地人换新桃符的习俗：

东郊青旗满城春，贻遍桃符万象新。

先手夺多牛腹草，今年养豕胜比邻。

千门万户以新桃换旧符，这不但寓意着万象更新，更实际的，户主还期望连牲畜也要养得比邻居家的好。

清末明江（在今崇左市宁明县境内）人崔毓荃的《己未元旦》则表达了过年时“独在异乡为异客”的孤苦之感：

一段乡心夜未央，桃符又见岁迎羊。

柳营桥梓家千里，相对山间爇（ruò）瓣香。

诗人此时望着广州北面的越秀山，思乡情切。看着当地百姓忙着更换门符，焚香祭扫，迎接羊年，思念亲朋好友、期盼团圆的心情真是酸楚啊！

清代在广西为官的江苏吴江（今江苏省苏州市吴江区）人蒯（Kuǎi）嘉珍在《太平竹枝词》中介绍了一些具有民族特色的春节习俗：

舍南舍北贺新年，白布缠头花样鲜。

客到大家携搭练，纸灯两盏挂门前。

太平（今崇左市江州区）的壮族先民有头缠白布之俗，白布上织有蓝线花纹，以此为美。客人们送来贺年的礼物，一般都是用箬竹叶裹着的大米，里面还夹杂着枣、栗等，寓意吉祥。这种贺礼形似枕头，又如同人们常用来装物的长形布袋——褡裢（搭练），给诗人留下了深刻的印象。按当地的习俗，人们从元旦至元宵节均有在门口挂灯笼的传统，各色灯笼烘托出热闹的节日氛围。

祈年是春节期间的一项重要活动。清代广西容县人王景文的《客邑田家月词》有云：

户户红粘利市钱，果盘茶盒供新年。

四时力作今才暇，锣鼓纷将故事传。

古人谓谷子一熟为一“年”，五谷丰收为“大有年”。过年时，八桂的汉、壮、侗、毛南、瑶、仫佬、仡佬等民族都要祭祀祖先，祈祷新一年里老少安泰、五谷丰收、六畜兴旺，为一年的平安和进财祝福。除夕夜子时一到，人们就烧香点烛，在神台上供奉整鸡、大肉粽、酒水、糍粑等独特的祭品，燃放鞭炮，互相道贺。

各地亦多有“汲新水”的习俗。除夕夜子时一过，

广西的大肉粽

桂西的壮族姑娘就争着到河边、泉边去打新年第一桶水。这水被称为“伶俐水”，民间认为姑娘喝了“伶俐水”就会心灵手巧，将来能嫁到一个好婆家。

在城市和乡镇，大年初一就有舞狮队走家串户贺新年，锣鼓喧天，喜气洋洋。受到贺喜的主人则出门燃放鞭炮、派发红包。

民国凤山（今河池市凤山县）文人黄文观在《凤山竹枝词》中记录了当地人在新年燃爆竹、舞狮的习俗：

鼓动山川起舞狮，排灯队里逐娥眉。

春声爆竹家家月，断续村鸡报晓时。

鼓声响彻山岭，舞狮有排山倒海之势，十分壮观。各家燃放的爆竹噼里啪啦响了一夜，一直到凌晨鸡鸣了还未停歇呢。

古人又有在新年占卜吉凶之俗。崔毓荃的《甲子元旦二首》里说，家中卜得吉兆，大家喜上眉梢：

运转鸿钧又几巡，天边雷鼓送回春。
莫嫌日蚀千门冷，共喜霞光四海新。
怪异吾儒应不语，灾祥上帝已先陈。
炷香自卜年头吉，未问鸡豚且问人。

七七韶光尚有亲，鬓毛依旧岁华新。
乍惊雨雹声何急，惯见莺花迹亦陈。
吹面无风同座暖，介眉有酒大家春。
逢人尽说今年好，天地分明复始轮。

“鸿钧”，一曰“洪钧”，是制陶所用的大转轮。诗人以“运转鸿钧”来比喻上天的造化之功。典故出自杜甫的《上韦左相二十韵》一诗：“八荒开寿域，一气转洪钧。”天道的运行如转陶轮，从正月初一开始新的一轮。甲子年（1924 年）的正月初一恰逢立春，这天雷声大作，兼有雨雹，还有日食出现，非人力所能及。"介眉"一词指的是长寿老者，典故出自《诗·豳（bīn）风·七月》："为此春酒，以介眉寿。"辞旧迎新，大家欢聚一堂饮酒作乐，多么惬意酣畅啊！

有的地方亦有正月初一拜庙、跳傩悦神祈福的传统。王景文的《客邑田家月词》里有一首诗说：

农务新休岁遇傩，黄冠草服社前过。
米盐怎作穷冬计，旧债催收估客多。

春节期间，农事可稍微暂停。跳傩的巫师身着黄衣，头戴黄帽，在社前祈神。黄色是金秋的颜色，这样的装束蕴含着丰收的寓意。但无论如何祈神，忙碌了一年的农家人依然少米缺盐，不知道能否熬过这个冬天。

红水河中上游的壮族人有春节期间过蚂蜴节的习俗。蚂蜴即青蛙，又被称为"龙王宝"或"蛙婆"。蚂蜴节也被称为"蛙婆节"，是由壮族先民对蛙的崇拜发展而来的庆祝习俗。清代李调元在记述岭南风俗的《南越笔记》中，引用了唐人章孝标的诗句来解释岭南先民对蛙的崇拜："农家无五行，水旱卜蛙声。"

蚂蜴节的活动分三个阶段：找蚂蜴、孝蚂蜴、葬蚂蜴。正月初一，全村男女老少奔赴田间地头、山涧丛林，寻找冬眠的蚂蜗。先获得者，放七声地炮以告天地，被尊称为“蚂蜗郎”。大家迎回蚂蜗后，将之密封于宝棺（竹筒）之内，再将宝棺放入彩纸做成的花楼。接着，在喧嚣的铜鼓声、鞭炮声中，蚂蜗神坐着花楼在田埂、村寨中巡游，最终到达蚂蜗亭接受香火和贡品。从正月初一到正月末，白天孩子们抬着花楼，唱着古老的蚂蜗歌，走村串户贺新年。夜晚，全村男女老少则聚集到蚂蜗亭，在雄壮的铜鼓声中唱起蚂蜗歌，跳起蚂蜗舞，为蚂蜗守灵。这就是孝蚂蜗。正月末，各村寨择吉日开始葬蚂蜗。届时，人们蒸五色饭、杀鸡宰鸭祭祀之后，抬着花楼到特定地点。安葬之前，大家还要打开上一年的宝棺，根据里面蛙骨的颜色来占卜新一年的吉凶。若蛙骨呈金黄色，则为风调雨顺的吉兆，届时欢声雷动，器乐齐鸣，人们在喜庆的气氛中安葬新的蚂蜗。夜晚，全村人歌舞狂欢至天明，共庆蚂蜗节的结束，迎接春耕的来临。

清代武缘诗人蒙泉镜在《新年竹枝词》中讲述了姊妹拜庙的情景：

元朝姊妹共烧香，供向慈云大士旁。
稽首无言心暗祝，莫教颠倒配鸳鸯。

慈云大士即观音菩萨。姑娘们相约拜庙，嘴上虽然不好意思说出来，但心底却暗暗祷祝，希望菩萨别乱点鸳鸯谱，一定给自己配一个好郎君，赐予一段好姻缘。

古时壮族人在正月初一一般不串门，全家团聚，共享欢欣。有的人家白天只吃汤圆，晚餐才吃荤菜，认为这样便可以祛邪除病。

从初二起，外出游玩踏青的人多了起来，八桂大地处处展露的春意令人心情愉悦。亲朋开始来往拜年，大家拿着春日的花枝彼此拜访，送上新年祝福。在蒙泉镜的《新年竹枝词》中，年轻姐妹们纷纷祝愿彼此的手工绣品能卖个更好的价格，多攒些私房钱：

大家恭喜过新年，一笑相逢吉语先。
愿得女红多值价，撙（zǔn）为私己买花钱。

孩子们则收获了满囊的压岁钱，开心地四处看热闹：

押岁余钱各满囊，携来相与遣春长。
是谁抢得新年彩？欢喜归来语阿娘。

清代龙州学识渊博的壮族文人赵荣正在《龙津竹枝词》中再现了春节期间众人外出串门的热闹场景：

岁首夭桃早自红，游人逐队步春风。

相逢拜贺新年客，尽把花枝手不空。

按照惯例，正月初一不宜打扫，不能用针线等物品，以求留财，图吉利。蒙泉镜在《新年竹枝词》中也专门提到了这个习俗：

不操井臼便拈丝，日日勤劳未敢辞。

争似儿家扫花帚，今朝也有得闲时。

平日家中的女子们日夜忙碌，不是挑水、舂米就是理丝、织布。这正月初一终于能有机会闲下来，享受一下节日的快乐了。

侗、瑶、苗等民族的人们则喜欢在正月初一互相串门，道贺新年，品尝各家用新年水煮的新油茶，然后成群结队走村串寨。各村之间举行芦笙歌舞比赛。参赛的小伙儿、姑娘们翩翩起舞，对歌传情，寻找心仪的对象，尽情欢乐。主寨的人们在鼓楼用米酒、糍粑、酸鱼、腌肉等宴请来访的客人。寨子间彼此来往，增进了双方的友谊，增强了凝聚力。清朝的广西巡抚、江西人谢启昆的《桂林杂咏》里记录了广西少数民族住干栏，以芦笙竹管为乐的习俗：

结栅巢居似挂猱（náo），平南合口乐陶陶。

芦笙竹管同时奏，苏幕遮声月色高。

正月初二，已出嫁的女儿带上鸡、肉等礼品，和丈夫、孩子回到娘家拜年。在岳父家，女婿受到隆重的接待，酒席丰盛，并有本族长者陪同宴饮。

刚入门的新媳妇也要去亲戚家走访。蒙泉镜的《新年竹枝词》中写道：

占尽风流新嫁娘，淡妆除却炫浓妆。

拜年傍晚谁家去？仔细从头问阿郎。

新人拜会亲戚，自然要好好打扮一番。而按照夫婿家的传统，今天该去谁家拜年呢？又该提些什么礼物呢？有心的妻子点点滴滴都要问清楚呀！

忻（xīn）城人莫震（清嘉庆年间举人）的《忻城竹枝词》里介绍了当地春节期间的待客习俗：

正月邻村少妇来，彩江清水采青苔。

姑姑煮熟黄花饭，盛在香篮待尔回。

黄花饭是用密蒙花汁染成的，色金黄，味香醇，是壮族人过节款待亲朋好友的佳品。

八桂百姓素有敲铜鼓祀神祈年之俗。清末广西隆山（今南宁市马山县）人曾昌霆曾作《赛鼓词》，指出了铜鼓在节庆之时作为赛神祈福的乐器、神器的用途：

……铜山西倒代以皮，制成面面腹中通。明月三更元宵节，竞赛不约人来同。同祝大王降神雨，南蛇岭头禾黍丰。徐徐擂来复疾疾，山鸣谷应耳都聋。我亦有所祝，不祝大王祝扶风，进来薏苡明珠似，当年尊重矍铄翁，但愿此物多成熟，疗除民疾起疲癃（lóng）。冬冬，冬冬，鼓声有尽意无穷。

据清代《隆山县志》介绍，当地壮族人有春节期间赛铜鼓的聚会。有时是某村内自娱自乐，有时是村与村之间竞技比拼。但赛鼓的初衷，乃是希望向上天传达民意，祈请天神能保风调雨顺，粮食丰收。《赛鼓词》中说，铜鼓以铜制成鼓面，鼓腹中通，鼓声震山谷。“进来薏苡明珠似”一句援引的是伏波将军马援的一则典故：马援从南方平定叛乱而返，带回有助于除湿祛病的薏苡，却被人说成是珍珠，以此诽谤他贪婪无度，搜刮民财，幸好事情最后真相大白。诗人以此说出自己的诉求，期盼吏治清明，百姓安乐。

广西东兰县隘洞及长乐一带的壮族人也在正月初一、十五、三十过铜鼓节。人们把铜鼓抬上山坡，挂在预先准备的架子上，敬祀之后，开始敲打铜鼓进行比赛。比赛时公鼓（大鼓）对公鼓，母鼓（小鼓）对母鼓，双方各派三人轮流击打，鼓声不得中断，谁打得好听，打得久，鼓声不喑哑、不裂，就算胜利。比赛结束后，大家拿出粽子和美酒共同进餐，充满了山野的情趣。

民间传说，铜鼓为诸葛亮所造。崇善（今崇左市）文人谢兰有《诸葛铜鼓》云：

此鼓传来属武侯，安排涧底傍泉流。
渊渊杂奏音无节，坎坎常鸣夜不收。
藓剥苔生非一日，风雨磨洗足千秋。
渡泸遗制今犹在，赛社巴童击未休。

诗中写到的铜鼓是在溪流底发现的，经过风雨的侵袭，依然声音洪亮。

谢启昆曾作《铜鼓歌》一首，说铜鼓是骆越之宝物：

骆越家家宝此物，以禳（ráng）灾眚（shěng）祈神明。
新息聚之立马式，峙并铜柱高峥嵘。

古人探究铜鼓的出处，却未看到它其实是人民群众集体智慧的创造。但无论如何，两位诗人都指明了铜鼓赛神祈福的用途。

广西壮、瑶等民族有春节期间打舂堂的习俗。打舂堂是一种娱乐活动，人们以此祈祷新年丰收。在一个脱粒用的舂槽周围，男女青年手持木杵两两相对，按一定的节拍，做出表现插秧、分水、收割和舂米的各种舞蹈动作。他们跳一阵，笑一阵，敲一阵，紧张又热烈。打舂堂以铜鼓为伴奏，远近都能听闻，节奏感、韵律感十足。后来，人们以扁担取代木杵，打舂堂逐渐演变为节庆表演。曾昌霆的《打舂堂》记述了壮族人打舂堂的习俗：

时款新妆服色妍，竹竿敲打祝丰年。

舂堂初发春前草，春色宜人最可怜。

虽然步入了春天，但一月的北风依然有凛冽之时。清代浙江海宁人查慎行曾途经广西，他的《桂江舟行口号》调侃了在此时期不知如何穿衣是好的岭南人：

一月春寒甚腊寒，北风飒飒上樯（qiáng）竿。

南人不办冬衣服，也道朝来夹胜单。

岭南虽然没有白雪皑皑，但在初春的寒风之中，早晚还是得穿件保暖的夹衣啊！

通常人们认为，正月上半月都属于节日，但八桂地区多是从初一到初五最为热闹，汉族叫作“破五”，壮族称为“节内”。这期间宴席丰富，鞭炮声此起彼伏，到处洋溢着节日的气氛。一过初五，田垌里便传来了催耕的吆喝声。春耕的繁忙逐渐取代了节日的气氛。岭南春早，人们怎敢醉卧席榻，误了春耕？

清代武缘人黄彦坊的《岭山农事纪候咏十二首·正月》描绘的是正月间为了养家糊口而下田耕作的农人：

陆作艰难可奈何，将祈栗雨遍山河。

［清］董诰《开韶集胜·春原叱犊》　台北故宫博物院藏

莫言元日田功缓，绿树村边叱犊多。

正月初七是“人日”。传说这天是人类的诞辰日，即人的生日，亦称“人胜节”“人庆节”等。中国民间传说女娲初创世，造世上生灵万物，第一日造鸡，第二日造狗，第三日造猪，第四日造羊，第五日造牛，第六日造马，第七日造人，所以第七天是人类的生日。人日的出现可追溯至汉朝，魏晋后逐渐兴盛。清代宁明州（今崇左市宁明县）的壮族诗人赵克广曾作《人日》诗一首：

官衙报晓鼓咚咚，烧烛焚香对梓潼。
肉食世家多鸟鬼，布衣经笥（sì）发蚕虫。
烟尘满目元精耿，金采簪头色相空。
子美春阴诗句在，喜看今日日东红。

古人有人日戴人胜的习俗。人胜，即用彩纸或金箔镂成的人形或花形饰物。这些饰物可以戴在头发上，也可贴在屏风上，以此祈求多子多福。

盛行于南宁市宾阳县的炮龙节在正月十一日举行，主要包括三个活动，即游彩架、办灯酒会及舞炮龙。

据载，游彩架的习俗是清朝时从广东佛山传入的，在彩架上将孩童装扮成各种各样的中国古典传说故事中的人物形象，再现脍炙人口的经典场景，如八仙过海、嫦娥奔月、哪吒伏魔、穆桂英挂帅等。如今的彩架展示主题就更丰富了，壮乡庆丰年、大地飞歌、桂花心连心等，展现出人们的幸福生活。彩架因其造型精巧、装饰奇美、表演惊险而魅力长存。

“灯酒”为“丁酒”的谐音，即当年添丁得子的人家共同牵头举办的庆祝活动，包括乡饮、取灯等内容。添丁的人家出资购买鸡、鸭等祭祀社神、祖先等，报告添丁之事宜，求得各路神祇与祖先之护佑。之后，亲朋邻里欢聚宴饮，共享欢欣。

夜晚举办的舞炮龙活动是炮龙节的精髓所在，包括开光、舞炮龙、送龙等环节。这一传统活动虽未见载于诗作，但清代思明府（今崇左市宁明县）人农赓尧的《宾州道中》，说的或许就是诗人奔赴炮龙盛会途中所见的宾阳县一带的春季风景：

追陪骢（cōng）马度原畇（yún），一路飞花趁软尘。
武壮坤枪刁斗靖，文开临浦梗顽驯。
寻梅得句诗催酒，冒雨归巢鹤避人。

最喜桃李知候气，墙东早报上林春。

炸龙是舞炮龙最激烈精彩之处。炮龙按“龙路”前进，从村头开始给各家各户送吉祥。等龙一到家门口，主人就把点燃的爆竹往龙身上扔。燃烧的爆竹在龙身四周噼里啪啦作响，火光闪耀，蔚为壮观。舞龙的年轻男子赤膊上阵，头戴一顶帽子，以此体现自己的勇气和力量。按当地民间说法，燃放的爆竹越多，龙被炸得越厉害，主人家越是兴旺发达，好运连连。

正月初八至十四日，龙州一带的壮族人有过侬垌节的习俗。壮语里“侬”为“下”或“去”之意，而“垌”是指山间的平地。侬垌节期间，负责祈天的巫师举行“求务”仪式。

当地壮族人将一季农作，即从播种到收获的全过程，称作“苗务”，祈求作物丰收即为“求务”。求务时，村寨中各家各户自带供桌供品会聚到指定地点。供品中除了熟鸡、粽子等食品，还有稻谷、黄豆等农作物种子和五色鲜花。仪式一般从凌晨开始。主持仪式的巫师都要经过一番打扮，穿法衣、戴法帽，然后焚香酌酒，盘腿坐于神台前，手持天琴，脚套铜环铜铃，一边弹天琴一边喃唱经书，祈求来年风调雨顺、五谷

舞炮龙 |黄云 摄

丰登、六畜兴旺。清末黄敬椿是龙州人，对当地的风土民俗如数家珍。他的《龙州风土诗》中就提到了天琴弹唱的场景：

槟榔细嚼逞婵娟，妖魓（bì）登场展绿毡。
口出蛮音莺弄巧，足摇铃子手挥弦。

一般来说，整个“求务”仪式历时10小时左右。仪式结束后，巫师把各家带来的五谷种子和五色鲜花分别搅拌均匀，再分送给各家各户，寓意上天给各家各户“送子”，并保佑人们当年平安顺遂，劳有所获。

正月十五日，八桂各族多过元宵节。元宵节又称为“上元节”“灯节”“元夕”，是每年的第一个月圆之夜，人们以赏花灯、吃元宵、猜灯谜等活动来进行庆祝。元宵节历史悠久，传说汉文帝时将正月十五定为元宵节。后经过隋、唐、宋代的发展，元宵节更是盛极一时，尤其是唐宋时期的元宵节灯会，受到民众的普遍欢迎。

广西的元宵节习俗和中原的大同小异。蒯嘉珍的《太平竹枝词》里说：

东西城市闹元宵，夜半迢迢烛未销。
街老头人并客长，招呼老伴看阛（huán）桥。

诗中一个“闹”字使元宵节变得声色可感。城东城西，大家都活跃起来，制作各式各样美丽多彩的花灯装扮街市，商贸往来热闹非凡。阛桥是一种类似牌坊的建筑，上面写有歌咏时代升平之词，就连街中、村中的长者都招呼着老伴一同来欣赏。

清代临桂（今桂林市临桂区）人况澄的《桂林竹枝词》描绘了元宵夜的花灯盛况：

千枝宝焰烂如星，元夕香尘动翠軿（píng）。
家住城中灯景好，盼郎教妾早归宁。

元宵之夜，宝马雕车香满路，家中的妻子盼望着丈夫让自己早点回娘家看望父母，好饱览家乡城中的绚烂灯景。

俞功懋在《合浦竹枝词》里也写到了众人夜间外出赏灯的情形：

灯写兴贤火树攒，衙门改岁闹平安。
鱼龙曼衍羁縻（mí）意，师子蛮人一样看。

万灯亮起，火树银花，街上人来人往，各种戏曲杂耍一齐上演，让人眼花缭乱。无论是当地的平民百姓，还是来自中原的书生，都出来凑热闹呢！

明代桂林府全州县（今桂林市全州县）人蒋冕曾任内阁首辅。他的《元宵应制》一诗，表达了对明君的追慕：

琪树连枝绕翠华，蓬莱宫阙五云赊。
吾君心似光明烛，照到寻常百姓家。

所谓“应制”，指的是应制诗，也叫应和诗，是我国古代官僚奉皇帝之命所作、所和的诗，内容以歌功颂德为主。诗人别出心裁，从元宵节的花灯说起：千灯万树，五云献瑞，我们的君主就如同光明烛，能够爱民如子，以百姓为重，体察他们的艰辛。

广西有些地方在正月初一或者十五有“采青”“偷

［清］黄钺《和丰协象·车填灯市》（局部） 台北故宫博物院藏

青”之俗。人们偷偷地到别人的菜地里采摘些许青菜、葱等，因“菜”与“财”，“葱”与“聪”谐音，有着吉祥寓意。俞功懋的《合浦竹枝词》有一首讲的就是姑娘到菜园“采青”之俗：

不禁金吾贺上元，百疾能祛百戏喧。
采青暗约东邻伴，高髻红鞋踏菜园。

处处放光华的元宵节，有人看花灯，有人看大戏。而梳着漂亮发髻、脚着红鞋的姑娘们悄悄来到不知谁家的菜园，“偷”走一些蔬菜，给自己讨一个聪慧发财的好彩头。清代贵县（今贵港市）人陈芝诰在《怀城四季竹枝词·正月采青》中讲述了“采青”的缘由：

漫夸灯火闹元宵，乘兴频将女伴邀。
采得青青菜盈把，一年清吉病全消。

正月十五夜，各家妇女多相约到别人家的园圃窃采青菜，煮熟了共同吃掉。她们这么做是为了求取一年清平吉祥的好兆头。

求子的妇人们还有到社坛偷灯带之俗。如清代医学家、贵县人梁廉夫的《城厢竹枝词》里说：

元宵佳景约同俦（chóu），社稷坛中喜共游。

灯带已稀无觅处，不知还有几人偷。

元宵节时，社坛所挂花灯都饰有灯带，妇人趁着无人瞧见悄悄摘取，或自收存，或送亲友，以为得子之兆。这就是“偷灯带”了。如果求子成功，在岑溪、梧州等地，母亲们会在下一年的正月初十带上孩子到社庙挂花灯，向社王报人丁，并祈祷孩子平安成长。花灯用竹篾扎框架，内点油灯，每天加油，外糊花纹纸，上写谜语。这一天，设宴饮花酒，外祖父给孩子送衣服、玩具等，亲友亦赠物送钱，共饮酒宴。正月十六落灯。

一般来说，欢度春节的活动到正月十五就基本结束了。但在人们的观念之中，正月作为新年之首理应热闹，故此到月底依然有颇多集体活动。每年正月，苗族人都要举行传统的坡会，祈祷丰收，从初三持续到十七。融水苗族自治县的正月十六古龙坡会历史悠久，是当地规模最大、知名度最高的坡会之一。附近的壮、侗、瑶、汉等各族群众也纷纷赶来加入苗族人欢庆的节日队伍。坡会有芦笙赛、斗马、舞狮、对唱山歌等活动，其中芦笙赛和斗马最受瞩目。坡会上，人们身着绚丽多彩的民族服饰，少女的银饰叮当作响，少年的芦笙吹得悠扬动听，各种舞蹈欢快奔放，将苗族传统艺术的魅力展现得淋漓尽致。

酬神娱人之后，就是辛勤劳作与等待收获的过程。到了农历八月十六日，苗族人将会再次举行隆重的坡会庆祝丰收，用心品尝硕果累累的喜悦。

农历二月，广西进入万物始荣、百花始盛的时节。人们有的庆春社，有的敬花婆，有的拜庙求佛，有的郊游踏青，为的是表达对新春的欢迎和对未来的盼望。清代著名壮族诗人、土官后裔黄体元有诗名为《春游》，写的是诗人郊外寻芳之事：

芒鞋箬笠不支笻（qióng），收拾春情一路中。
兴勇遍寻芳草地，岩分遥送落花风。
莺声脆处吟诗句，石径迷时问牧童。
多少峰峦看未足，又携樽过小桥东。

诗人穿芒鞋披蓑衣，四处欣赏春花春景，饮酒作诗，一路下来仍觉得意犹未尽，于是又把着酒樽，走过小桥，继续游玩。经过了冬季的蛰伏，诗人对青山绿水更多了几分眷恋，饱览无限春光，犹如故友重逢。

农历二月二是春社时节，八桂各地的人们多要到社神庙中祈求丰年，并聚集举办宴席和各种民间活动。有的地方椎牛、杀猪仔、做黄饭祭供，十分隆重。据载，八桂百姓亦崇拜顽石、古木，把它们当作社神或田祖等来祭拜。

春社时不但要敬社神，还有巫师挨门逐户地驱鬼迎福。他们唱着当地歌谣、跳着舞蹈，颇为醒目。社宴结束后，常有村民醉卧树下。俞功懋有一首《合浦竹枝词》描绘了当地人过春社的盛况，续写着唐诗中夕阳西下醉人归的意境：

逐鬼沿门唱土歌，也称年例会婆娑。
斜阳春社村人散，岁岁枌（fén）榆醉客多。

赵荣正的《龙津竹枝词》描绘了春社送灯花的习俗：

丛祠赛社送灯花，饮醵（jù）乡人笑语哗。
环席拈阄（jiū）期得彩，不知莲炬入谁家。

八桂人家每有添丁，总要在社日时前往土地庙送灯花，向土地神报告，并祈求其保佑新生儿健康成长。社日宴席期间，大家聚在一起抓阄玩乐，看谁能够得到赛社上的好彩头。民间庆典上抓彩头的习俗，一是看福气落在谁家，二是拿到彩头的人家往往要组织宴席，或者负责明年的酬神活动。在众人喧闹嬉戏的同时，象征着子嗣的“莲炬”不知道悄悄进入了哪户人家呢？

春社期间还有“抢花炮”的习俗。民国《龙州县志》载：“二月二日，全属凡坊友土地祠者，是日合众科金，具香烛三牲祭祀守神，设席宴饮。并制火纸花爆，装饰璀璨，上结顶盖若盔帽然，燃起则顶盖上冲云际，及落能攫得者为得采，值事则鼓吹送诸其家。相传攫得者是年必有添丁、发财之庆。”陈芝诰饶有趣味地在《怀城四季竹枝词·二月看炮》一诗中详细介绍了当地百姓抢花炮的热闹场面：

二月春风乐事稠，社前箫鼓愿同酬。
一声轰烈惊天地，侥幸何人得炮头。

花炮用竹篾编织而成，外饰花纸，按照内藏的记号分为头炮、二炮、三炮等。在社日酬神时吹箫鸣鼓点火，使花炮飞升上天，花炮落地之时，勇士们争先恐后抢夺，以求好运。抢得头炮的人被称为“炮头”，会家业兴旺。“炮头”负责保管花炮，待来年春社抢花炮时再交回。2021年，壮族抢花炮入选第五批国家级非物质文化遗产代表性项目名录。如今，抢花炮的活动在各种岁时节庆中常能看到。例如，南宁市邕宁区中和镇中和社区孙头坡二月二的壮族抢花炮活动颇负盛名。在抢花炮之前，当地民众要先举行大巡游、拜祭仪式，之后才开始比赛。抢花炮分为还炮、抢炮、送炮三个环节，用红布和铁线缠绕做成的花炮随着焰火飞向天空，十几支抢炮队各显神通。大家在泥中推、拉、堵、抢，十八般武艺齐上阵，场面激烈壮观。

八桂民众也有二月过花朝节的习俗。花朝节俗称“百花生日”“女儿节”等，日期以农历二月初二为主，又有二月十二、二月十五、二月二十五等说法。从宋代开始，花朝节广为流行，至今仍有着深远的影响力。节日期间，人们结伴到郊外游览赏花，称为“踏青”，姑娘们剪五色彩纸粘在花枝上，称为“赏红”。各地还有装狮花（即用彩纸做成小狮子插在竹竿上）、放花神灯等风俗。这天，女孩子们相聚玩耍，结交好友。未出阁的女子最爱赏红、拜花神、吃花糕、行花令，祈祷自己像花儿一样美丽。

俞功懋有一首《合浦竹枝词》描绘了当地花朝节上的一对小姐妹。她们身着华服，在花神的见证下结为同年。结同年是八桂民间的习俗，即年纪相当的同

性孩童结为同年，互称对方的父母为父母，彼此互相扶持、关照直至终老。诗中一对同年买完槟榔一起归家，宛如同胞姐妹，亲密无间：

花朝姊妹结同年，细褶长裙水上仙。

［清］董诰《开韶集胜·春社延宾》 台北故宫博物院藏

包得槟榔携伞去，一床上下共中眠。

抛绣球也是年轻女孩们喜爱的花朝节活动。黄敬椿在《龙州风土诗》中就写到了花朝节小姐妹们抛绣球的欢乐场面：

斜阳门巷破萧条，姐妹相从孰最娇。

好把飞球空里掷，迎来送去赏花朝。

广西民众还有庆祝花婆诞辰之俗，以壮、毛南、仫佬等民族为盛。一般认为花婆诞日是农历二月初二，也有的地方认为是农历二月十九、二月二十九等。花婆也被称为“花王神”“床头婆”“花林圣母”“万岁婆王”“花林仙官”“花楼圣母”等。根据壮、毛南、仫佬等民族的传说，人类由鲜花转世而来，而花婆即花园的守护者，她以花降世，妇女才能怀孕，才有人间的男婴女婴，因此求子又被称为“求花”。广西各地至今仍有多座花婆庙，常年有人祭祀。

清代灵川（今桂林市灵川县）人黄东昀《柳州杂咏》（五首）中的第二首有云：

麻阑茅舍不宜秋，妹夜荒山缓缓游。

圣母有灵初赐孕，椎牛酾（shī）酒结花楼。

诗人在诗后自注，“阑”和“妹夜”都是壮语，前者意为有孕，后者意为妇；却不知道“圣母”是什么来历。其实，结合历史文献与民俗调查可知，这诗中提及的圣母就是花婆。在桂西地区，至今仍有多处花婆庙，平果市的感圩花婆庙是其中代表。当地壮族人在每年农历二月十九都要举行盛大的祭祀求花活动。该处花婆的神像盘坐莲花，发式为椎髻，头上有两条蛇状饰物，手中托有一象征生命的球体，体态丰盈。有的地方虽然没有单独的花婆庙，但依然保持了对花婆的信仰，把花婆神像和其他神像摆放在一起供奉。壮族民间还流传有《花婆奶送鼻子》等神话。

黄彦坊的《岭山婚姻纪俗诗十六首》中也有关于求花的内容：

名花一朵庆新栽，恰得和风趁早开。

只为祝君生贵子，一枝攀自月中来。

求花之事通常由女方父母操持，将纸花挂在桂枝上，插于卧室床头。以前，柳州一带的仫佬族村寨中都有婆王庙，在三月初三定期祭祀。求子嗣的人们不但要在这天祈求婆王赐花，还要在生了孩子之后于六月初六来祭祀，叫作“还婆”。

等到孩子生下两三天后，家里多有“打三朝”的习俗，用清水或柚子叶水“洗儿”，请亲朋好友来聚会庆祝。黄文观在《凤山竹枝词》里解释过“洗儿”的习俗：

洗儿俗谓打三朝，相习成风岁月遥。

礼送糕糖鸡粽蛋，六亲哄动马蹄骄。

出嫁的女儿晋升为母亲，娘家亲人自然要给新生儿送来贺礼。黄文观在诗里提到了襁褓、背带等贺礼，上面绣满了吉祥的图案，寄托了无限的祝福：

绣缝襁褓彩团花，邀送群趋儿女家。
队逐娥眉多赠品，遥临门对夕阳斜。

得子的人家依然要每年祭祀花婆，祈求花婆保佑孩子顺利长大。直至孩子成年，家里才把房中花婆的神位撤掉。

有的地方有“产翁”习俗。这种习俗曾被谢启昆写入《桂林杂咏》中：

洗儿三日饭盘游，不爇兰汤濯冷流。
宁馨谁家甘弃置，产翁终日抱床头。

洗儿后，产后的妇女开始操持家事，丈夫则成了“产翁”，像刚生产完一样在床上抱着孩子，让妻子照顾。曾在广西为官的清代桐城（今安徽省桐城市）人马鼎梅在《邕管竹枝词》里表示了对“产翁”习俗的疑惑：

产翁惫卧拥婴孩，生子三朝入父怀。

底事阴阳乖位置，异闻吾欲续《齐谐》。

据学者考证，“产翁”的习俗或许源于早期人们对通感巫术的迷信，只是一种仪式表演。不过，早期广西妇女生产后没有坐月子的习俗，身体稍微恢复后即开始操持家事，辛苦勤劳确实有口皆碑。

二月，春光明媚。人们一边赶赴庙宇祈求庇佑，一边纵情山水。况澄在《桂林竹枝词》里就描绘了家乡百姓拜佛之景：

二月风光剧可怜，淡红香白斗春妍。

野花开遍东郊路，拜佛人来天赐田。

“剧可怜”即“特可爱”之意。二月里百花斗艳，

［清］董诰《开韶集胜·春港红酣》　台北故宫博物院藏

东郊路上花开遍野，人们本要去拜佛祈祷田事顺利，却在途中忍不住驻足花前。

清代浔州（今桂平市）文人黄体正亦将横州（今南宁市横州市）百姓二月赏花的传统写入他的《横州竹枝词》中，还单独点出了桃花之盛：

西津十里入烟霞，古寺深深是宝华。

游屐喜逢二三月，满山红遍野桃花。

除了前面提到的几个节日外，二十四节气中的春分也常落在农历二月。所谓“分”，有平分季节和平分昼夜之意，春分这天既平分了春季，又因太阳直射赤道而平分昼夜，意义特殊。春分日，八桂各地气候温暖，阳光明媚，民间一些地方有做春糍、放风筝等习俗，也有开启春耕的传统。正如王景文《客邑田家月词》中所云：

社鼓声停桑柘烟，春分无处不犁田。

稻盘浸种应无冷，静听鸣蛙数亩连。

社日的热闹过后，八桂各地的春耕陆续开始，老幼在田间辛勤劳作，以趁春早。稻田里蛙声此起彼伏，伴随着农人忙碌的身影。

三月初三号小年

进入农历三月，天气益暖，红如烈火的木棉花盛放，成为八桂最耀眼的风景。三月三是八桂最重要的传统节日之一，它植根于岭南古老的稻作文化。农历三月初，正是岭南传统的备耕春播时节。此时，人们从村村寨寨、山山弄（lòng）弄走出来，进行稻种、农具交易，形成一个个特殊的“圩”。圩场规模盛大，常在田垌、山坡、弄场中举行，因此赶圩场又称“赶坡”“赶山”或“陇垌”“陇端”等。三月三圩市由择种春播、祈祷丰收的活动衍生出丰富的文化展示与交流活动，集商贸、祭祖、拜庙、对歌、抛绣球、抢花炮、碰蛋等习俗于一身，不啻（chì）广西文化渊薮（sǒu）。

韦丰华的《廖江竹枝词·其二》就提到了三月三

期间拜庙、食黑糯、以歌相会等习俗：

胙（zuò）颁真武喜分将，食罢青精糯米香，
忽漫歌声风外起，家家儿女靓新妆。

黄敬椿的《龙州风土诗》第八首描绘了三月三圩市人潮涌动的景象：

木棉飞絮是圩期，柳暗花明任所之。
男女行歌同入市，听谁慧舌制新诗。

在柳暗花明之际，人们哼着愉快的旋律，三三两两赶赴集市。他们有的是为了采购春耕的农具，有的是为了购置日常的物资，而来赶集会友、见世面的年轻人就更多了。人们竖起耳朵，聆听春日里动听的歌，尤其是那些从未听到过的新诗。

三月三期间，八桂各地的歌圩此起彼伏，相映生辉。清末生于南宁的岭南著名诗人、书画家黎简有《歌节》一诗，证明了歌咏风俗之盛：

春衣白夹骑青骢，浅浅平芜淡淡风。
蜡髻蛮姬斗歌处，四山纯碧木棉红。

青山绿水，山高水媚，春风和暖。盘着发髻的少

［民国］陈树人《红棉图》　广州艺术博物院藏

数民族姑娘正和别人歌咏为乐，缥缈的歌声环绕着那红艳艳的木棉，久久不绝。

红水河流域多在三月三这天举办歌圩，而左江流域的歌圩则集中于农历三月中下旬直至四月。歌圩的起源也各有不同，有的是由酬神拜庙发展而来，有的是由人们走村串寨对歌发展而来，还有的则是由男女青年偶遇对歌发展而来。永淳（今南宁市横州市、宾阳县、邕宁区交界一带）人、同治年间进士杨怀震的《永淳竹枝词》记载了当地因拜古庙而形成的歌圩：

古庙神灵岁二酬，趁圩同去踏青游。
排歌有例休忘却，今岁田禾定倍收。

排歌是当地壮族民歌的一种形式，有自己独特的韵律格式，短的一二十行，长的几百行甚至上千行。人们以歌娱神，祈求神祇保佑禾稼增产增收；以歌娱人，盼望找到情投意合的知音。

西隆（今百色市隆林各族自治县）人把三月三视为小年，举族相聚，热闹非凡。这都被记录在清代诗人陈涛的《西隆竹枝词》中：

三月初三号小年，咂嘛酒醉落花天。
唱歌尽入深岩去，自结丝萝草藉眠。

晚清武宣（今来宾市武宣县）壮族贡生韦敬端在《武宣南乡竹枝词》里描绘了三月三玄天祠内的热闹景象：

玄天祠下爆声涵，姊妹同登三月三。

买得枇杷香沁手，桥头喧笑乐分甘。

“玄天”即道教信仰中的真武大帝。人们常在真武大帝诞辰——三月初三这天前往玄天祠祭拜，祈求风调雨顺，好运连连。而在现场的年轻姊妹，也在桥头吃着枇杷看起热闹。说不定，一会儿就有人约她们唱起歌来。

三月三是八桂青年男女“依歌择配”的重要时机，明代的刘大夏也曾在《柬王佥宪诗》中提及：“男女歌谣成卺（jǐn）礼，官民尔汝集茅庵。”“卺礼”就是古代汉族婚礼上新郎和新娘喝交杯酒的仪式。八桂青年男女寻求良缘不靠媒妁之言，而靠歌圩上自己唱歌“赢”来。清代著名的文人赵翼是阳湖（今江苏省常州市）人，曾任镇安府（今百色市德保县）知府。就职期间，他屡屡赞叹镇安府为世外桃源，奇山秀水平生未曾见。他饶有趣味地记录了当地的各种风俗，亦为广西三月三的节庆场面留下了诗作《土歌》：

春三二月圩场好，蛮女红妆趁圩嬲（niǎo）。

长裙阔袖结束新，不睹弓鞋三寸小。

谁家年少来唱歌，不必与侬是中表。

但看郎面似桃花，郎唱侬酬歌不了。

一声声带柔情流，轻如游丝向空袅。

有时被风忽吹断，曳过前山又袅袅。

可怜歌阕脸波横，与郎相约月华皎。

曲调多言红豆思，风光罕赋青梅摽。

世间真有无碍禅，似入华胥梦缥缈。

始知礼法本后起，怀葛之民固未晓。

君不见，双双粉蝶作对飞，也无媒妁订萝茑。

看那些娇艳的女子精心打扮，长裙阔袖，装束一新。她们清新自然，不裹小脚，盛装来去，令人赏心悦目。姑娘们嘴上说着是来购物备耕，但见桃花少年则流连忘返，你侬我侬的歌声不绝于耳。她们大胆地以歌为媒，依歌择配。

武鸣三月三的情歌对唱在桂中最具代表性。韦丰华用《廖江竹枝词》十七首详细描绘了当地壮族青年对唱情歌的场景。男女青年对唱情歌往往包括问候歌、盘歌、初恋歌、热恋歌、赠礼歌、告别歌、约定歌等环节，反映了他们从陌生到相识、从相识到相恋的全过程，双方的感情发展完全依靠对歌来实现。当男女青年遇到合适的对歌对象时，就互唱问候歌、盘歌、初恋歌等，彼此互生情愫，于是“无因倾吐爱花情，挹（yì）颈联肩巧比声。唱到风流欢喜曲，娇娃春意一齐生”。在你问我答之中，青年男女找到了自己的知音，越唱越欢乐，尽情倾吐着爱慕的心声。那些约了再次会面的恋人：“人逢故识注青眸，不觉流连小渡头。绮语飞来心更醉，情通袅袅短长讴。”歌圩要散场了，但激荡的心还无法平息，心中的歌如同潺潺流淌的溪水，抽刀断水水更流：“平林忽暮噪归鸦，蜂尚迷香蝶恋花。离曲唱来心绪乱，行行还止路三叉。”日落西山，天幕慢慢垂黑：“浓香惯引得芳魂，爱我哥哥送到村。春庆未阑重订约，姣音遥递话黄昏。”歌兴正浓的恋人们只能依依惜别，相送十里，约定他日再叙。

宜州被誉为“刘三姐的故乡”，谢天枢的《龙水竹枝词》里写到了宜州一位慌慌忙忙追逐着歌队的小姑娘：

女儿十五出前溪，头裹青荷两脚泥。
逐队过欢歌婉转，茜花红布手中携。

这小女儿本在溪边玩耍，头顶荷叶也许在捞莲藕呢！一转身看到歌队来了，马上拿出绣花红布跟了上去，纯真天然，惹人喜爱。壮族人的对歌传统就是在这样耳濡目染的环境下代代相传的。

清代凤山的黄现琼，一生饱读诗书，在家乡以教书为生，留诗数首。他的《凤山竹枝词》让我们看到当时凤山歌圩的盛景，不但有唱土腔（壮语）的，也有唱汉语的：

水云岩外小游行，远胜征歌剧有情。
郎唱汉歌侬唱土，土腔还比汉腔清。

诗中描绘的似乎是一个因为春游而形成的临时小歌圩。不论用的是壮语、汉语，彼此都能唱和，都是奔着以歌为赛、寻找意中人而去的。参加歌圩盛会的人不但有壮族、汉族，可能还有瑶、仫佬、毛南等民族的青年男女，诗歌无意间记录了多民族文化交往、交流与交融的历史。

马鼎梅还饶有趣味地以壮语入诗，在《邕管竹枝词》中描绘了歌圩中情人互赠礼物的环节：

清晨碎浪过桥河，约伴金山去唱歌。
猛样不如古样馁，过眉扪鲊古家多。

诗人自注“碎浪”为壮语“洗澡”之意，“猛”即“你”，“古”即“我”，“馁”即“美”，“过眉”为“戒指”，“扪鲊”为“簪子”。相遇于金山歌圩上的男女青年，情投意合则以戒指、美簪互赠。马鼎梅常年在广西为官，历任容县、上林知县，左州知州，浔州通判，思恩知府等职，并卒于任上。诗人对八桂民俗的熟稔令人钦佩。

抛绣球是三月三节庆中男女青年最喜欢的活动之一。蒙泉镜在凤山看到男女青年正在抛绣球，即兴完成了一首《凤山新正竹枝词》：

分队抛球乐趣多，此中胜负却如何？

阿郎情愿供脂粉，未忍将卿两耳挼（ruó）。

他在诗后还对壮族人抛球游戏的传统进行了解释，说男女抛球为戏，分成男队和女队，女方胜了则男方要买脂粉相送，女方输了则要被男方拧耳朵。而有情有义的男青年宁愿自己输了花钱买脂粉，也舍不得拧女青年的耳朵。绣球来源于古代的“飞砣”，宋代《溪蛮丛笑》曾有记载，节庆时日，男女在野外分为两组，往来抛接以五色花布填装豆粟制成的彩囊，名“飞砣”。后来，绣球的造型越来越美观，还会在里面装上细沙等来增加重量。有的地方，青年男女会在绣球上系上定情信物，投掷给喜欢的对象。在游戏之中，男女青年增加了接触与交流的机会，增进了彼此的感情。正如胡南藻《诸蛮杂咏》中所言：“无端作合两关情，男自高歌女自赓。金彩绣囊相赠答，百年婚礼始歌声。”

八桂的三月三发源于百越的稻作文化传统，又融合了中原地区的上巳、寒食、清明等习俗，内涵丰富。

中原上巳节曲水流觞的习俗随着汉族先民来到八桂。唐代山西汾州（今山西省汾阳市）人宋之问被贬途经桂州（今桂林市）时写下《桂州三月三日》，其中一段就记录了当地三月三曲水流觞的习俗：

越中山海高且深，兴来无处不登临。
永和九年刺海郡，暮春三月醉山阴。
愚谓嬉游长似昔，不言流寓欻（xū）成今。
始安繁华旧风俗，帐饮倾城沸江曲。
主人丝管清且悲，客子肝肠断还续。
荔浦蘅皋万里余，洛阳音信绝能疏。
故园今日应愁思，曲水何能更祓（fú）除。

一首明代的佚名诗作中也提到了曲水流觞的习俗：

太平太守擅风流，雪浪斋边胜日游。

酒满石樽流上巳，火悬玉笋戏中秋。

太平太守为了庆祝三月三，不但组织了一次盛大的春游，而且仿照中原上巳节的习俗，筹办了“曲水流觞”的高雅酒席。按习俗，众人围坐水边，上游的人往酒器——觞里倒上酒，放入水中，当觞流到下游时停在谁的面前，谁就要把它端起来，赋诗一首，并把酒一饮而尽。这首诗大概就是当时的即兴之作。

寒食节起源于春秋时期晋文公纪念介子推的故事，唐宋时兴盛于中原地区，后又逐渐与清明、上巳融合。根据唐代诗人沈佺期的《岭表逢寒食》，当时的广西应该还没有过寒食节的习俗：

岭外无寒食，春来不见饧（xíng）。
洛阳新甲子，何日是清明。
花柳争朝发，轩车满路迎。
帝乡遥可念，肠断报亲情。

诗人被贬路过岭南，发现这里与中原风俗迥异，不过寒食节，不知何时为清明，更无北方节庆中常见的糖稀出售，不禁倍加思乡。

随着汉族先民不断进入岭南地区，从宋元开始，八桂一些地方逐渐接受寒食节传统，并传承至今。清

[清]佚名《十二月令图·三月》 台北故宫博院藏

代谭日为在《富川竹枝词》中的《寒食上坟二首》再现了富川（今贺州市富川瑶族自治县）人寒食节上坟的习俗：

山花野草绕泉台，古墓累累土一堆。
麦饭纸钱争上冢，知渠不为踏青来。

古墓新培土，装饰以花草，后人争先恐后地为祖先献上祭品，是由于发自内心的敬重。他们不辞辛苦翻山越岭前来扫墓，可不是以此作为踏青郊游的借口。

况澄《桂林竹枝词》中的这一首，则体现了三月三集男女青年相聚、祭扫等活动为一体的特点：

红裙逐队斗铅华，上冢行行踽步斜。
轻薄少年郊外去，眼迷心醉为看花。

姑娘们穿着艳丽，浓妆艳抹，在扫墓途中走走停停，盼望着能够遇到情投意合的少年郎。诗中最后的“花”字一语双关，令人会心一笑。少年眼中的花，恐怕指的还是心中的那个“她”。

清末明江人崔毓荃曾在三月初三从牵牛岭扫墓归途中听到祭祀者的恸哭，于是有感而赋：

满目凄凉景，累累古冢边。

红颜归腐草，白骨付荒烟。

儿女伤怀地，英雄没趣天。

纸灰空化蝶，知否达重泉？

斯人已去，空留后人追忆英雄与先祖，惹来不少伤心泪。人们烧纸焚香，修葺旧墓，不仅是希望能得到先人的护佑，更是为了自己内心的安宁。

赵荣正曾主持龙州暨南书院，在当地颇有影响力。他在记录家乡风土人情的《龙津竹枝词》中写道：

清明气候草如茵，登垄多逢拜扫人。

茜汁染将青糯饭，祭余分取馈新邻。

人们在祭祖时常用枫叶汁染出黑糯饭供奉给先人，并把供奉过的、沾染了福气的糯米饭分给亲邻好友。

宁明壮族文人黎申产所作《丽江竹枝词》则再现了清明家家挑着竹篮扫墓的景象。按岭南风俗，给祖先准备的祭品里必有糯米饭和一只整鸡：

清明时节听啼鹃，儿女家家拜墓田。

糯饭一盂鸡一只，竹篮挑上侍儿肩。

扫墓之时，人们也像中原人那样，以柳条插于先人的坟墓之上，以示怀念和追思。俞功懋的《合浦竹枝词》里说：

清明微雨湿松杉，插柳经旬墓草芟（shān）。

祭扫莫愁求食馁，夜潮收得鲎（hòu）张帆。

渔人们相信，祭扫之后一定会得到祖先的庇佑，打鱼一定能满载而归，不会再饿肚子了。

广西养蚕的人家会祭拜蚕神“马头娘”。神话里说蚕是由被马皮裹挟而去的少女变成的，这少女后来被尊为蚕神，由于呈马头人身状被称作“马头娘”。黄体元的诗作《春蚕》中说：

深闺整日理奔忙，催唤鸦环采碧桑。

欲乞今年丝事好，瓣香私说马头娘。

蚕是娇嫩的小虫，要想养好并让它结出好茧，人力之外只能祈求马头娘的恩赐了。

蕴藏着丰富民族文化内涵的三月三如今已经成为广西多个民族共享的节日，是中华民族文化交往、交流、交融的典型代表。2014 年 11 月，由南宁市武鸣县申报的“壮族三月三”入选第四批国家级非物质文化遗产代表性项目名录扩展项目名录，三月三也成为广西壮族自治区的法定节日。

贵港民间以三月廿三为“天后元君”（即妈祖）的诞辰。天后信仰与西江流域的龙母信仰均源自百越先民的水神信仰，前者是从水神信仰演绎出的海神信仰，后者则是由水神信仰演绎出的河神信仰。贵港地理位置特殊，既传承着百越先民早期的河神信仰，又受到东南沿海文化中海神信仰的影响。贵港最早的天后宫创建于明朝万历年间，惜已不存，如今郁江边只剩下一座龙母庙。

天后元君诞辰的庆典十分隆重热闹。陈芝诰的《怀城四季竹枝词·三月观会》记述了当地人庆祝的情形：

风风雨雨洗尘埃，讲是元君接舅来。
赶赴明朝鸡酒会，新衫隔夜自安排。

他在诗后解释说，天后元君诞辰之前的数日必有风雨，俗称“元君接舅”。天后过生日，连舅舅也邀请来一起庆祝，可见民间对舅家是十分重视的。天后还管人间生育之事，求子女之人相约共同用烧猪、佳果等来迎神，而新近得子女的人家会主持操办“鸡酒会”，这种聚会因重用鸡蛋、鸡酒（以鸡、姜、米酒等为原料的一道菜肴），故此得名，城内外有百余场，是年中最隆重的庆典之一。

清代桂林地区亦有东南沿海传来的妈祖信仰。况澄的《桂林竹枝词》再现了当地人庆祝妈祖诞辰的盛大场面：

波澄沧海肃灵旗，贾客家家报赛思。
一路笙歌珠翠绕，天妃三月出游时。

众人抬着妈祖的圣像外出巡游，旗帜招展，鼓乐喧嚣，庄严肃穆。人们沿途祭拜，感恩戴德，虔诚而谦卑。

三月三等节庆活动陆续结束，人们也全身心地投入繁忙的农事活动中。天道酬勤，正如黄彦坊在《岭山农事纪候咏十二首·三月》中说的：

春雨初晴刈（yì）麦天，饼香时拂暖风前。
腴田更拟更番种，一派新秧漾绿烟。

春季雨水充沛，正是干农活的好时候。一分耕耘一分收获，农人自然要把握这绝好的机会。

田月桑时

夏月田间庆有秋

从农历四月到六月，天气日趋炎热。黄彦坊在《岭山农事纪候咏十二首·六月》中写道：

夏月田间庆有秋，更逢诸谷熟冈头。

雷声忽送千峰雨，依旧新秧绿意抽。

岭南炎热，作物生长周期短，早稻到了六月就可以收割了，山岭上的小米、高粱、旱稻等此时也成熟了。夏日里，八桂人民的传统岁时节庆亦不少。从多民族共享的四月初八、端午节、六月初六、七月十四，到毛南族的分龙节、瑶族的达努节、京族的哈节和彝族的火把节等，展现了八桂大地多民族文化交流交融的丰富内容。

作饽刚逢四月时

进入农历四月，人们忙于各类农业生产活动，集会庆典渐少，被记录在诗歌中的主要有四月初八浴佛节、三界公诞日，以及祭祀伏波将军、城隍神等。而在民间因因相袭、长盛不衰的牛诞日、跳弓节等节日庆典虽有县志等史料记载，却没有诗作流传，留下了些许遗憾。

四月初八传说是佛祖诞日，在桂林，人们做“乌饭”（即用枫叶染成的黑色糯米饭）敬佛，民间多认为在佛诞日吃“乌饭”会延年益寿，有益健康。清代全州人蒋琦龄在《桂林竹枝词》里写道：

春在山家茶事忙，江村农月又分秧。
饷耕恰是佛生日，乌饭家家冒甑（zèng）香。

四月正值农忙，人们忙生产的同时，还记着庆祝佛祖诞辰，毕竟除了吃饱肚子，精神的慰藉亦同样重要。但实际上，浴佛节这天人们敬奉的多是本地的神祇。比如，清代贵县廪生林文度（字师欧）就在《贵阳竹枝词》中记录了贵县百姓在浴佛节敬“天医”的盛况：

竹篮篓子手相持，记是龙华浴佛时。
百样药苗都采取，团团作饽供天医。

所谓天医，多指被壮族、毛南族、仫佬族、瑶族等信仰的冯三界。传说冯三界是贵港人，诞辰就是四月初八。他吃了仙桃（也有人说是因为得到了无缝的仙衣），变成了半仙。他行雨救疫，还在西江上救助遇险船只，故得到人们的尊崇。广西一些地方有三界庙、冯圣宫、冯爷庙等。忻城莫土司衙署就有一座建造于明朝万历十年（1582年）的三界庙。壮族人认为冯三界医术高明，他开的药方特别管用，所以在四月初八做药饽，以此敬奉纪念他。

陈芝诰在《怀城四季竹枝词·四月作饽》中再现了岑溪（今梧州市岑溪市）民间祭祀三界公的风俗：

作饽刚逢四月时，闲寻百草到城隈（wēi）。
风吹不动侬休采，此是冯爷吩咐来。

作者在诗后解释：冯三界曾留下嘱咐，他诞辰这天，除了那些风吹不动的草木外，其他各类草木都可以拿来食用。在这天，人们多用青艾、大风艾、鱼腥草、火筒树等植物和粉做成药饽或其他食物，以此纪念他。

岭南有些地方的民众又将四月初八视为“牛诞日”。顾微《广州记》载：“郁林郡（今玉林市）北有大山，其高隐天。上有池，有石牛在池下，民常祀之。岁旱，百姓杀牛祈雨，以牛血和泥，厚泥石牛背。祠毕，天雨洪注，洗石牛背泥尽而后晴。”民国《来宾县志》载：“四月八日……惟必作五色饭，多有盛以小曲薄（以竹篾或苇篾编制的盛器）供案上献先人，老幼分食之，乡间并以祀牛。相传是日为‘牛魔王生日’，农家是日多不使牛。”中华人民共和国成立后，壮族、侗族、仫佬族等逢四月初八还过牛王诞日，又称为“脱轭节”“牛魂节”。壮族民间传说这一天牛魔王从天上下到凡间，保佑牛不瘟死。

龙胜有牛魔王庙，人们要杀猪去祭祀。牛魂节这一天，人和牛都要停止劳动，主人用枫叶水浸糯米蒸饭，第一团先给牛吃，在牛栏外安个小桌，摆供品，点香烛。人们还要唱山歌、唱彩调，欢庆牛的生日。有的地方则要请来“布麽”（即壮族民间的神职人员）唱诵《布洛陀经诗》中的《赎牛魂》，保佑牛儿魂魄安然，身强体健，为人们多做贡献。在东兰县，人们取下牛鼻绳，脱下轭和竹筒铃，还给牛洗澡、梳毛、捉虱、抓痒。平常牛死了，人们会把牛角骨取下，挂在堂屋顶梁下，到四月初八这天在骨上贴红纸条，以示纪念。

广西各地的壮、汉等民族多有在四月十三日等不同日期祭祀伏波将军的习俗。唐代杜佑的《通典·职官典》中说："伏波者，船涉江海，欲使波浪之伏息。"故此，百姓认为伏波将军可以护佑航运安全，保一方平安。历史上曾出现过多位被授予"伏波将军"称号的人物，其中最著名的是汉代的马援。清代同治十二年（1873 年）的新宁州（今崇左市扶绥县）贡生冼铎有《伏波庙怀古》一首，其中提到的伏波将军即为马援：

渌城古祠宫，当年矍铄翁。
瞻拜庭除上，怀古阐幽衷。
叛征不奉命，将军万里攻。
麒麟天上降，蝼蚁穴中空。
薏苡虽遭谤，何曾掩其功。
茅岭勋名在，擎天一柱铜。
庙食馨香远，山水共青葱。

［明］王圻、王思义《三才图会·马援像》

马援将军临危受命，远赴边陲平定“二征”（征侧、征贰）叛乱，使得地方重获太平；沿途帮助百姓引渠灌溉，教授先进的农耕技术，使百姓丰衣足食，同时促进了当地各族先民的交往、交流、交融。故此，桂东南、桂北和桂西南多建有伏波庙以示纪念。传说马援征讨“二征”得胜回师时，在边界以骆越铜鼓化水浇铸铜柱，这根铜柱成为汉朝疆土最南端的象征。

唐代赵州（今河北省石家庄市赵县）诗人李峤的《安辑岭表事平罢归》中有“境遥铜柱出，山险石门开”，宋代崔与之的《寿邕州赵守》有“夜月照铜柱，警囊声寂寂”等句。唐代著名诗人杜甫也曾在《诸将（其四）》中提到马援所立铜柱：

回首扶桑铜柱标，冥冥氛祲（jìn）未全销。

越裳翡翠无消息，南海明珠久寂寥。

殊锡曾为大司马，总戎皆插侍中貂。

炎风朔雪天王地，只在忠良翊圣朝。

杜甫在诗中责备镇守南方边陲的诸将，说他们享受高官厚禄，却不思报效国家，任由朝贡断绝。诗人满腔热血，呼吁着如同马援这样的忠臣能够为国效命，善待边陲百姓。

明代著名思想家王守仁曾任两广总督，曾作《谒伏波庙二首》以激励自己为国奉献，解百姓之苦：

四十年前梦里诗，此行天定岂人为？

徂征敢倚风云阵，所过须同时雨师。

尚喜远人知向望，却惭无术救疮痍。

从来胜算归廊庙，耻说兵戈定四夷。

楼船金鼓宿乌蛮，鱼丽群舟夜上滩。

月绕旌旗千嶂静，风传铃柝（tuò）九溪寒。

荒夷未必先声服，神武由来不杀难。

想见虞廷新气象，两阶干羽五云端。

王守仁拜谒的伏波庙，应为今横州市乌蛮滩的伏波庙。乌蛮滩又名伏波滩，相传马援将军远征讨伐时，其楼船经过此滩，难以航行，他让兵卒将航道礁石击去才能通行。江上至今滩石累累，似有伏波将军部队的陈迹。于是，大家便将万人敬仰的伏波将军“请”到这儿来，以镇水患，保行船安全。

根据记载，乌蛮滩的伏波庙在汉代就已存在，后多次毁损又复建，可见伏波将军在当地百姓心中的重要地位。如今我们看到的伏波庙是八桂仅存的五座明代木构架建筑之一，以祭坛为中心，加上庙门、牌楼、前殿、大殿、侧殿、后殿、回廊等组成一个封闭的院落，占地面积约 1600 平方米，建筑面积约 990 平方米。院落内的建筑极具特色，沿中轴线对称分布，雕梁画栋，气势雄伟。各处建筑上长联短额、名人题词琳琅满目，历史文化气息浓厚。伏波庙四周林木苍翠，建筑与山水浑然一体，享有“乌蛮积翠”的美誉，是横州旧八景之一。2013 年，该伏波庙入选第七批全国重点文物保护单位名录。

明代广东香山（今广东省中山市）的黄佐曾拜谒横州伏波庙并留下《横州伏波庙》一诗，表达了对伏波将军的敬仰之情：

高滩危石锁崔嵬，长夏风烟午未开。

漢

横州乌蛮滩伏波庙

南海楼船从此去，中原冠冕至今来。
武溪一曲风尘静，铜柱双标日月回。
千载伏波祠宇在，汉朝何事有云台。

横州的老百姓认为伏波将军诞辰是四月十四日，在农历四月十三日到四月十五日，举办伏波庙会。庙会期间，横州及附近县市有数以万计的人前来朝拜，有的甚至从广东及海外赶来上香祭祀，人声鼎沸。庙会期间，当地民众舞龙舞狮，对唱山歌，表演师公戏，还形成了各类土特产的圩市，内容丰富，热闹非凡。早在2007年，横县（今南宁市横州市）的壮族伏波庙会就已被列入自治区级非物质文化遗产代表性项目名录。

陈涛的《西隆竹枝词》还提及了隆安一带杀狗祭祀伏波将军的习俗：

尚鬼遗风欲入魔，更惊神道怕严呵。
不知羹献缘何典，屠狗家家祭伏波。

当地百姓崇神信鬼，祭祀之风炽盛。他们向伏波将军祭献各类牺牲，令诗人十分不解。其实，老百姓只是因循着旧有的习俗，与今人的观念较为不同。

古时富川县的人们每年四月廿八日都要到城隍庙中祭拜，表演土剧，歌唱舞蹈，前往上香的人数不胜数。谭日为的《城隍庙》一诗就记录了一场祭祀典礼：

显忠王庙祷祠开，四月笙歌闹舞台。

怪得人过官道拥，都从庙里赛神回。

历史上，由于受科学技术水平的限制，八桂百姓遇到灾难病痛时，会求助于各类神祇和巫觋（xí）。如唐代李商隐《异俗》中就有“户尽悬秦网，家多事越巫”的诗句，可见越巫之风深入人心。元代陈孚有一首《思明州》云：

鹿酒香浓犬彘（zhì）肥，黄茅冈上纸钱飞。

一声鼓绝长枪立，又是蛮巫祭鬼归。

越巫仪式多用鼓，兼有刀、枪等器具。泡了鹿茸的好酒，猪、狗等牺牲和黄纸钱都是敬献给神灵的。

清代黄誉的《龙州竹枝词》里也写到了当地人请巫婆看病的场景：

泥墙竹户近溪边，风雨寒暄四月天。

男女无声听咒病，白婆夷语拨三弦。

四月的风雨天里，有户人家正延请巫婆看病。竹篱泥墙之后，三弦的天琴叮咚作响，巫婆口中咒语不断，带着人们求生的希望。当然，巫觋的表演并不能真正治病，只是医学知识未普及的时代里人们的一种心理慰藉罢了。

广西以合浦为中心的北部湾沿海一带是世界闻名的南珠生产区域。从商朝开始，越人就向中央王朝进贡此地的珍珠。

李峤到岭南之后，曾写下《珠》这首诗：

灿烂金舆侧，玲珑玉殿隈。
昆池明月满，合浦夜光回。
彩逐灵蛇转，形随舞凤来。
甘泉宫起罢，花媚望风台。

诗中详细描绘了一座以珠玉装饰的、金碧辉煌的宫殿，它犹如汉武帝常去避暑的甘泉宫那样令人向往。颔联的“合浦夜光回”，借用了“合浦珠还”的典故：汉代时合浦的地方官盘剥百姓，不加节制地采珠，导致海里的珠蚌全都迁徙到交趾去了，百姓采不到珠，贫者饿死道中。直到一位名叫孟尝的人当了合浦太守后，革除滥捕乱采的弊端，保护珠蚌的生存，才使它

［南宋］刘松年《海珍图·合浦含珠》（局部） 台北故宫博物院藏

们又繁衍起来，合浦又成了盛产珍珠的好地方。诗人用这个典故，赞颂了国家太平、君王仁慈、官吏清廉、百姓乐业的盛世。

歌颂孟尝为官清廉、为民着想的历代诗歌不少，如明代史学家、江西广昌人饶秉鉴的《还珠亭》：

登亭试相问，珠去若为还。
自古仁恩洽，宁非气化关。
声名千古后，风景四时间。
我亦为民牧，于今鬓已斑。

据考证，南宋时合浦就建有还珠亭和孟尝祠，供百姓祭拜凭吊，后多次重修，到20世纪初才废弃。

采珠是一项风险极大、环境极艰苦的工作，采珠人即使付出大量的辛苦劳作，他们的日子也并没有好起来，常常只能以贝类为食。黎简有《采珠词》两首再现了采珠人的艰辛：

老夫白首食珠瓤，使君红袖出珠娘。

珠娘生好弄明月，不喜内屏灯烛光。

合浦一带把女孩唤作“珠娘”，把男孩则唤作“珠儿”。达官贵人倚仗权势，使唤珠娘，可珠娘一心向往的是海上的明月，而并非那室内昏暗的烛光啊！另外一首则说：

掌光如豆白凄凄，潮沸声光火齐齐。

一时有胫行珠母，几番招魂哭鬼妻！

合浦当地传说，珠蚌会在月明之时晒出自己的珍珠来吸收月光，吸收的月光越多则珍珠越白越漂亮。如果地方官员贪婪无度，过度采珠，珠母就会迁徙他处，使得当地再也没有珍珠，而当地的采珠人只能伤心度日。

唐代的项斯也有一首《蛮家诗》再现了采珠人的日常生活：

领得卖珠钱，还归铜柱边。
看儿调小象，打鼓试新船。
醉后眠神树，耕时语瘴烟。
不逢寒便老，相问莫知年。

采珠人卖珠得到几两碎银，便来到集市购买日常用品。集市上热闹非凡，既有小儿在驯象，还有新船下水。采珠人也许还饮了些酒，难得醉卧神树下。历史上，合浦百姓的采珠活动可从二三月持续到十月，主要时间段为三至五月，除了采珠，当地百姓亦种田劳作。诗作犹如一幅时光静好而不问年岁的田园画，颇有世外桃源之韵。

然而在古代有限的科技条件下，采珠人稍有不慎就可能有性命之危。于是，面对大自然随时可能出现的各种不确定性，人们形成了在采珠之前祭祀海神的习俗，以此祈求平安，获得心理上的慰藉。清代的史料中就记录过采珠人以猪、牛、羊等祭祀海神、珠神的传统。在涠洲岛上还曾有祭祀的庙宇。唐代吴郡（今江苏省苏州市）的张籍是一位著名的现实主义诗人，他继承了杜甫的简丽诗风而成一家，在乐府诗方面成就斐然，与另外一位诗人——王建被并称为“张王”。

张籍的《蛮中》一诗，是给王建远赴岭南的赠诗，里面就提及了祭祀海神的习俗：

铜柱南边毒草春，行人几日到金潾。
玉镮穿耳谁家女，自抱琵琶迎海神。

南疆春日已至，而远行人（代指王建）何日才能到达金潾（古时交趾地名，也作金邻）呢？在那马援立铜柱的地方，戴着玉环的越人少女正抱着琵琶弹唱，祈求海神的保佑呢！张籍诗中所述的乐器是中原常见的琵琶，但在岭南，少女使用的可能是当地常见的三弦琴。

古代八桂频繁的祭祀礼仪，是科技手段不发达时期常见的信仰表达。借助神灵的力量达成所愿当然是不可能的，但在当时的社会环境下，这种信仰也体现了人们积极向上、满怀希望的乐观精神，并逐渐形成具有鲜明特色的地域文化。

江南五月荔枝天

农历五月，天气开始炎热，人们穿上清凉的丝、麻材质服装，正如谭日为的《花麻春》所云：

袅袅衣葛足安身，最喜花麻匝地新。
五月丝麻都上市，麻春过了又花春。

丝、麻做的衣服色泽艳丽，犹如百花争春，成为丽人争相采购的新品。八桂气候偏暖，适宜桑树生长，利于养蚕。桂州百姓种桂树，养蚕织布，喜歌擅唱，连远在千里之外的诗人都有所耳闻。唐代张籍《送严大夫之桂州》里就说：

旌旆（pèi）过湘潭，幽奇得遍探。
莎城百越北，行路九疑南。
有地多生桂，无时不养蚕。

听歌疑似曲，风俗自相谙。

此时的广西也开始进入瓜果成熟的时节，具有浓郁广西味道的枇杷、荔枝、龙眼、黄皮等水果轮番上市，将人们带入了一个甜蜜的世界。黄体正在《横州竹枝词》里描绘了荔枝结果红似火的盛况：

江南五月荔枝天，红满枝枝枝欲燃。

甜在心头香在手，摘来分与妹同年。

诗里提到的青年男女，正在摘食荔枝、欢快相聚。或许他们正一同赶赴端午盛会呢！正如黄敬椿在《龙州风土诗》中所写的那样：

三峒风清岁稔歌，畬（shē）田五月刈新禾。

无妨角黍菰（gū）多裹，佳节相将吊汨罗。

农历五月农事虽然逐渐增多，而普通百姓在劳作之余，还惦记着要过端午节。根据各地端午节活动内容的不同，民间又有“龙舟节”“粽粑节”“蒲节”“药市节”“苦瓜节”等俗称。在端午节期间，广西人祭神、竞渡、喝药酒、吃凉粽、挂菖蒲、采草药……活动十分丰富，融合了当地各族文化传统，展示出中华民族悠久的文化交流与交融历史。

据研究，八桂的端午节根植于当地百越祭祀水神的习俗。唐代被贬谪柳州的柳宗元在《柳州峒氓》一诗中曾写道：

郡城南下接通津，异服殊音不可亲。
青箬裹盐归峒客，绿荷包饭趁虚人。
鹅毛御腊缝山罽（jì），鸡骨占年拜水神。
愁向公庭问重译，欲投章甫作文身。

这首诗从服饰、语言和风俗等描写柳州少数民族的独特生活习俗。其中说到，民间普遍以鸡骨来占卜吉凶。由于他们以种植水稻为主，故异常重视祭拜水神，以祈求水田雨量充沛，水稻结实丰收。柳宗元初到柳州时因语言不通、文化相异而倍感孤单，但久而久之，对当地文化熟悉后，他逐渐表现出对当地人的亲近和向往。他亲近百姓、体察民情，融入了柳州文化之中，受到人们的爱戴。

广西江河众多，人们谙熟水性，善作舟木以便交通、运输之利。船在八桂百姓生活中占据了重要的位置。黎申产的《自家中至桂林，一路杂诗》中有一首讲述了自己从宁明坐船到南宁的经历：

斤江江水碧如油，岸自榛芜水自流。

一个瓜皮两枝桨，计程五日下邕州。

斤江就是今日流经宁明县的明江，诗人在宁明隐居数年，后到桂林游学，从宁明坐船到邕州，再换轿子北上桂林。

人们在新船造好之时多有祭祀之俗，日常行舟中也多拜祭船神。谢启昆《桂林杂咏》中的第一首诗再现了八桂船民的祭船之俗：

椎髻文衣袭古风，下船三拜雨蒙蒙。

不须卵卜兼鸡卜，日日焚香祀孟公。

桂林的壮、侗等民族多喜欢盘发，衣着纹饰依然保持着传统的样子。每日行舟，船家都要焚香祭拜“孟公”“孟姥”，即船公和船母。在特殊的日子里，船家还要依照古老的鸡卜、蛋卜来验证吉凶，并以肉来祭祀船神，焚香三拜。

八桂各地在端午竞渡之前一般有祭祀之仪。人们往往举行龙舟下水仪式，祭祀水神与船神等，供奉丰厚的牺牲，焚香礼拜，祈求自己的龙舟能在竞渡中获胜，祈求神明护佑风调雨顺，四季平安，人财两旺。

竞渡是端午节最为重要的庆祝方式。北宋邹浩的

[清] 佚名《十二月令图·五月》 台北故宫博物院藏

《竞渡》再现了昭州（今桂林市平乐县）农历五月初五赛龙舟的习俗：

坊村一处一龙船，劈浪飞桡斗欲先。

要识晚来谁胜捷，但听歌吹鼓声喧。

当地村村都做了龙舟，大家摩拳擦掌，就等着一试高下。端午节这天，条条龙舟在江面上如同飞一样奔向终点。赛场人声鼎沸，锣鼓喧天，歌声如潮，欢乐的场景激荡着人心。邹浩在昭州度过了三载春秋，对当地风土人情已较为熟悉。除了这首《竞渡》，他还为昭州写下了二百多首诗，记录下在昭州的所见所闻、所思所感，是极其珍贵的研究史料。

谢启昆的《桂林杂咏》第九首描绘了清代桂林漓江上庆祝端午节的喧嚣场景：

竞渡漓江夺彩舲，香囊角黍吊湘灵。

白衣长袖郎当舞，腰鼓如雷轰石亭。

竞渡时，装饰一新的彩舟上载有数十人，右边的人挥白旗，左边的人甩长袖跳舞。配乐多用腰鼓，鼓声十分响亮，能够传得很远很远。在八桂地区，端午节使用铜鼓祭神颇为常见，唐代诗人白居易也曾在《送客春游岭南二十韵》中云："牙樯迎海舶，铜鼓赛江神。"

清代浙江山阴（今浙江省绍兴市）女诗人王倩曾与丈夫周游吴越及周边地区，或许也曾到过右江地区，她在《蔗园竹枝》中描绘了千舟竞发时的震撼景象：

锦鳞银鬣（liè）铁黎舟，社鼓初喧笑割牛。

谁散金钱看竞渡，乘潮先上百花洲。

一艘艘彩舟如同鱼龙在水面上飞跃前行，鼓声大作，气氛热烈。有钱人家忍不住多花点钱，乘船到终点抢先看谁会拔得头筹。

谭日为的《龙船》亦刻画了清代富川县端午节人人争看赛龙舟的场景：

龙舟队队吊灵均，纵棹（zhào）频看竞渡晨。

画舸朱旗争到岸，不知谁是夺标人。

多条龙舟争先恐后涌向终点，令人们眼花缭乱，竟然连谁是冠军也不知道了！

人们一边欣赏龙舟比赛，一边吃着时令水果，十分惬意。这个时令，人们还常喝一种特殊的药酒——蒲觞。蒲觞用菖蒲等草药制成，人们认为在端午节期间饮用可以祛除瘟疫之气，保人身体安康。黄体元的《端阳杂咏·蒲觞》专门称赞了蒲觞的醇美：

云醑（xǔ）泛出胜琼浆，仔细参他九节香。

恰好堆盘丹荔熟，虬珠一颗一霞觞。

蒙泉镜是咸丰五年（1855年）秀才。他几十年间共赴乡试14次，皆不中。50岁以后任阳朔教谕10多年，一生郁郁穷困。他有诗集《北游行草》（已佚）和《亦嚣轩遗稿》，留存诗作300多篇。其《端阳偶成》一诗讲的也是饮蒲觞的事：

三年曾已忍伶俜，浅酌蒲觞养性灵。

酒量近来都减却，非关爱学屈原醒。

贪杯的诗人并非老糊涂了，他的拳拳赤子心和屈原是一脉相承的，可惜报国无门，唯有饮些蒲觞解闷了。

在况澄的《桂林竹枝词》里，孩子们则是无忧无虑、极其快活的：

放学归来好戏游，漓江竞渡看龙舟。

先生分赐儿童扇，摇曳清风直到秋。

江边观看竞渡的妇孺们个个精心打扮，佩戴着好看的五色香囊，香囊中盛以风干的艾草、白芷、苍术

［清］徐扬《端阳故事图册·裹角黍》 故宫博物院藏

等多种中草药，以驱邪辟疫。如今，南宁市上林县壮族的“渡河公”、百色市右江区壮族的麽乜（mō miē）香囊，都吸收了早期端午节香囊的制作方法。

端午节常见的互赠之礼是角黍。角黍即粽子，一般用箬竹叶包裹，系以白色、黄色或五彩丝线。王景文在《客邑田家月词》中有过描绘：

麻丝粽斛满盘金，共庆端阳节候临。

禾稼低头称早熟，尝新当系老农心。

“端阳”即端午，人们在佳节时驱恶除瘟，还不忘向神灵祈祷丰收。

如今，广西老百姓在端午节期间做的粽子大多为凉粽，常常是二三十厘米长的条状。凉粽是用草木灰等制成的碱水做出来的，没有内馅，色泽金黄，晶莹剔透，沁香耐嚼，在吃的时候蘸些蜜糖，越吃越有滋味。

端午节期间，气温回暖，各类虫蛇也开始活跃起来。人们按照传统习俗采来艾草、益母草、豨莶（xīxiān）草、黄荆木、牛膝草、桃叶、柚叶等挂在门口驱除毒虫，还用它们来煮水洗澡。因此端午节又有“药市节”的俗称。靖西市的端午药市，始于唐宋，盛于明清，至今已有上千年的历史。该药市以端午节为主日，前后持续四五日之久。这期间，靖西及周边地区的百姓将自采自种的各种中草药拿到药市出售，种类可达数百种之多。

其实，端午节也是男女青年对歌、约会的好机会。清代何振新的《龙州竹枝》用颇为戏谑的口吻描绘道：

一回打桨一声歌，歌意何曾吊汨罗。

似说沿堤多野草，鸳鸯眠向此中多。

“苦瓜节”是贵港一带的百姓对端午节的俗称，因为节日期间那里的家家户户都会做苦瓜酿来祭祖。苦瓜酿微苦清香，能够清热解毒，至今还是一道有名的广西菜。

陈芝诰的《怀城四季竹枝词·五月染指》则记录了爱美的女子们多以凤仙花来染指甲，一番沐浴妆饰后才去看龙船，可见对看龙船之重视：

苦瓜佳节事堪传，染指争教捣凤仙。

更爱午时新浴后，巧妆儿女看龙船。

端午节还与著名的历史人物屈原密切相关，历史上凭吊屈原的诗词很多，八桂诗人亦有不少佳作。如黎申产曾作《端午节观竞渡感作（其一）》，将景仰、惋惜、愤怒、惆怅融合在短短的八行诗句里，寄托着作者复杂的心绪：

竞渡从何昉？相传吊屈原。

岸排人影密，鼓杂水声喧。

身后犹思拯，生前孰讼冤？

古今多类此，往事不须论！

清代宾州女诗人陆小姑，生于书香之家，自小聪慧，工于诗词，留下凭吊屈原的诗作《五日怀古二首（其一）》：

续命丝缠重午天，离骚读罢泪潸然。
由来枭舌工倾覆，如此蛾眉竟弃捐。
一片丹心沉碧水，千秋角黍奠长川。
冤魂到此无从说，浩浩湘潭起暮烟。

屈原胸怀一片爱国丹心却自沉碧水，惹得许多诗人为之落泪。然而陆小姑提出了疑问：屈原自投于水虽然表达了忠心，但这岂不是让那害人的舆论和谗言更甚嚣尘上了吗？

黄体元的诗《怀骚》亦由自己孤苦的境遇有感而发：

一叶离骚酒一杯，何人解到此情来。
诪（zhōu）张谗口无终极，独醒谁知是祸胎。

黄体元才高博学，广读经史，二十岁左右即有诗集，在壮族诗人当中堪称少年俊才。然而，他受土官压制，欲报效国家而无门，长期潦倒抑郁，也许正因如此他才更能体会屈原的心境吧。黄体元二十五岁应试科考时，土司忌恨他，又不好当面阻挠，于是便巧施毒计，挑拨同考童生殴辱他，导致他受内伤而死。一代才子就此殒命，令人扼腕。

黄体元的儿子黄焕中有一首《钦州幕中端午》描绘了在钦州过端午节的情形：

蒲酒虬（qiú）珠年复年，中原北望路三千。
壮怀空击祖生楫（jí），牢落狂歌《渔父》篇。
照眼榴花红灼灼，含情江水碧潺潺。
人醉人醒都休问，寄语灵均莫悄然。

黄焕中被誉为壮族一大诗家，所著《天涯亭吟草》收入诗四百多首，惜多散佚。他出生四个月就丧父，靠寡母抚养长大。黄焕中自幼聪慧，博闻强识，喜欢研究兵书战术。中法战争爆发后，他接受刘永福的聘请，出任黑旗军幕府参赞，参加了中法战争和甲午中日战争，深受器重。其间，黄焕中多有军旅之作，包括这首《钦州幕中端午》。诗作可能作于八国联军进攻天津、北京之时。端午节众人依然喝蒲酒赛龙舟，诗人空余岳飞、祖逖（tì）、屈原一般的爱国情操，壮心未已，却憾无报国之门。

农历五月二十九日，居住在马山、都安、巴马、平果、隆安、大化等地，自称“布努”的瑶族人有庆祝达努节的习俗。达努节又被称为“祖娘节”“祝著节”等。传说农历五月二十九日是布努瑶族人的始祖母——密洛陀的生日，人们为了纪念她创世造人的丰功伟绩，在这天为她庆祝。这一天，人们要祭祀密洛陀、跳铜鼓舞，并举办斗画眉、赛弓箭、赛马等活动。家家户户都杀猪宰羊，宴请亲朋好友前来欢聚。遗憾的是，达努节没有被记录在诗作之中。

分龙节是一个多民族共庆的传统节日。俞功懋的《合浦竹枝词》里说：

小分龙后大分龙，三卯占年识老农。
舶棹风来梅雨后，偷淋翻槁各从容。

先民认为，多雨时节是赤、黄、青、白、黑五龙分开到各地行云布雨而形成的，故此时多向神龙祈求降雨。据考证，分龙节或来源于早期人们的祈雨仪式。分龙节又有“小分龙”和“大分龙”的区别，小分龙多在农历二月，大分龙多在农历五月二十日。随着时代的发展，各地各民族过分龙节的时间差异较大。

河池市环江毛南族自治县下南乡的毛南族在夏至

后的第一个辰日前后庆祝分龙节。毛南族的分龙节又被称为“庙节”，是毛南族的重要节日之一。在分龙节期间，男女老少都要穿上盛装，家家户户都蒸五色糯米饭和粉蒸肉，有的还要烤香猪。人们折回柳枝插在中堂，并把五色糯米饭捏成小团粘在柳枝上，寓意果实累累，祈望五谷丰登。毛南族人祭祀三界公、雷神、龙王等神祇，祈求他们为人间降雨；还要祭拜祖先，求他们保佑一年风调雨顺、六畜平安，保护禾稼顺利成长、结实丰收。祭祀神灵与祖先的仪式都在三界公庙举行，隆重而热闹。全村男女以及外嫁的女子、亲友都赶来参加。

农业生产决定着八桂百姓的温饱，一点儿也马虎不得。正如黄彦坊在《岭山农事纪候咏十二首·五月》中写道：

离离小米傍烟畦，转眼新秧绿又齐。

最爱耘田疏雨过，一家扶杖夕阳西。

田中的小米已可收，而新种下的水稻秧苗已越来越绿。农户也倍加爱护这成长中的绿色生命，开始耘田松土。劳累了一天，全家人站在田边望着自己的劳动成果，共同期待今年的丰收。

农历六月是岭南的雨季。这时气温逐渐升高，早稻已经可以收割。人们趁此时节开展丰富的节庆活动。常见的有多民族共享的祭雷神、田祖节、晒衣节等。此外，还有京族的哈节、彝族的火把节等。

“雷声忽送千峰雨”，六月间时不时雷声大作，千山万岭都下起雨来。但农民们哪顾得上休息呢，他们都在辛勤地忙碌着，收完这茬庄稼又再插秧，进行第二轮种植。

居住在来宾市乡村的壮族人有六月初二祭雷神的传统。雷神又被称为“雷公”“雷婆”“雷祖”“雷王”等，有男、女两种形象。这一信仰的前身是雷图腾崇拜。壮、侗、水、仫佬、毛南、苗、瑶等民族都崇信雷神。壮族人说“地下舅公大，天上雷公大”，水族人说“天上雷婆大，地上舅爷大”，侗族人亦有“天上雷公最大，地上萨岁（侗族传说中的始祖母）最大，人间舅爷最大”之语。雷神统管天界，调风遣雨，与稻作生产有密切关系。雷神亦是人间匡扶正义、劝善惩恶的使者，民间有很多雷公惩奸毙恶的故事，生动地演绎了这位神祇的性格特点。

丰收之后要祭祀田神或田祖，以示感激。清代的刘定逌（yóu）是武缘人，是乾隆十三年（1748年）进士，曾任翰林院编修。诗人对家乡的生活和民间习俗是热爱而熟悉的，如《六月六日》这首诗：

家家祭田祖，吾亦祝吾田；
深耕还易耨（nòu），半亩卜半年。

诗人看到壮族人家家都在祭祀田祖，祈求护佑，于是模仿祭祀之词，祝愿自己家的农田好耕好种，半亩产量能管上半年的温饱，戏谑之意令人忍俊不禁。清光绪《上林县志》载：“六月六日为‘青苗会’。各乡延巫诣管苗庙祀田公、田母，以祈有年，谓之‘调庙’。”清嘉庆《全州志》载：“六月六日，农家祀田祖。”民国《同正县志》载：“六月初六为‘农家节’。业农者多做米粉，染黄姜煮熟鸡豚以供田神。”民国

《信都县志》载，信都（今贺州市信都镇）“有田祖祭，凡田之共沟塍（chéng）者，或立一庙，或一社，每岁二、三、四、六、八月以初二日力田者共行祀”。

广西各地多有“六月六，晒衣服”的习俗。这或许是因为岭南气候潮湿，衣物容易发霉和生虫，故要在俗谓日光最强烈的六月初六来晾晒衣物和各种物品。陈芝诰在《怀城四季竹枝词·六月晒衫》中再现了今日贵港一带的晒衣习俗：

吹到熏风夏日长，几回检点旧巾箱。
云肩一幅偷偷晒，羞听人呼是嫁妆。

诗中所写的应为一位待嫁闺中的姑娘。她把自己的新旧衣服都拿出来晾晒，并悄悄地找个隐蔽的地方来晾晒自己为婚嫁准备的披肩。要是给小伙伴们看到了，取笑自己在晒嫁妆，这多不好意思啊！

如今，桂北地区的瑶族人依然有过晒衣节的习俗，节日当天，人们集体晒出传统的红色民族服饰，红瑶女子的服饰一般都绣有精美的图案，这些图案中蕴藏着独特的民族文化内涵。例如，头顶的黑巾，在中心和四角均刺绣有“瑶王印”图案；上衣两肩处绣有始祖龙犬的纹饰；衣身上绣着在惊涛骇浪中航行的一艘

龙胜红瑶传统服饰

船以及若干人物，表现了祖先漂洋过海（实际上是渡过长江和洞庭湖）的传说。除了晒衣，女性还结伴到河边梳洗长发，并准备丰盛的筵席与亲朋好友一起聚餐共饮。

生活在东兴市一带的京族人有在农历六月或八月庆祝哈节的习俗，这是他们最传统、最隆重的节日之一。哈亭是举办哈节的重要场所，里面供奉着镇海大王、高山大王、广泽大王等神灵与祖先的木雕像。沥（Wàn）尾的哈亭中记载着哈节的来历：在沥尾岛对面的白龙尾半岛上，居住着噬人的蜈蚣精，神仙扮作老乞丐利用煨热的南瓜将之消灭，蜈蚣精的尸首化为京族三岛，老乞丐就成了京族人的保护神——镇海大王。此后，人们以过哈节的方式纪念镇海大王，表达感激之情。

哈节的“哈”意为“歌”，自此可知，哈节与歌唱密不可分。哈节首日，京族人会择吉时来到哈亭，请神灵与祖先一同享用丰富的祭品，与子孙同乐。在主持祭典的长老敬茶请神之后，“哈哥”“哈妹”跳起传统的天灯舞，唱起代代相传的歌谣，以感激神灵和祖先的护佑与赐福。节日期间，村寨会聚餐宴饮，请亲朋好友一起欢聚。青年男女们则在这难得的活动上寻找意中人，以对歌、游戏等方式进行交流。

百色市隆林一带的彝族人则有在每年农历六月二十四日庆祝火把节的习俗。届时，人们杀鸡宰鹅祭祀祖先并开展丰富的彝族传统活动，包括送布谷鸟、打磨秋、抹黑脸、吃坨坨肉等。夜幕降临，火把节的重点活动才开始举行，彝族男女老少和参加节日盛会的各族同胞一起围着篝火载歌载舞，热闹非凡。王倩的《蔗园竹枝》中的第六首，主角或为右江流域的彝族先民：

瘴花深处萎藤多，女伴相邀试斧柯。
唱到蛮腔能合拍，便抛椰子换苹婆。

诗人解释，这首诗所记录的是当地人“跳月”的习俗，男男女女，边唱边跳，歌词独特，彼此为乐，还交换各种礼物和食物，比如用椰子来换苹婆果，以此表达心悦之意。根据诗人所使用的“蔗园”二字，可推知这场景发生在右江一带讲蔗园话的区域，这片区域也是广西彝族人主要的聚居区。

南丹、宜州、融水、环江、都安等地的水族人有在水历九月、十月（即农历五月、六月）收获期间逢卯日过卯节的习俗。卯节，水语称为“借卯”，“借”就是吃的意思，即在丰收之际聚会宴饮，共同庆祝。节日期间，大家祭祖先、拜田神，彼此串亲戚、叙亲情，青年男女则通过卯坡歌会创造谈恋爱的机会，热闹非凡。

卯节活动往往以卯日的祭祀活动最为庄严盛大。届时，人们带着丰盛的饭菜来到活动地点——卯坡，让祖先和田神享受香甜的米酒和韭菜包鱼等传统特色佳肴，表达得到护佑而年丰岁稔的感恩之情。祭祀之后，家家户户款待远道而来的亲朋好友，共话丰收的喜悦。青年男女则不约而同来到卯坡，彼此对歌唱和，寻找意中人。

广西的水族人大多从贵州荔波县迁徙而来。水族的主体是百越后裔。在汉文典籍中，与水族先民相关

隆林彝族火把节 | 李斯颖 摄

的记载可追溯到唐代。如《唐书·南蛮传》中有云："开元中，置莪、劳、抚水等羁縻州。"抚水州下辖四县，即抚水、古劳、多蓬、京水，其地理位置为今日的广西环江至贵州荔波一带，属于都柳江、龙江流域。据史料记载，抚水蛮的首领以蒙姓最多，亦有罗姓等。今日，水族中蒙姓依然很多。可以推测，"抚水蛮"中的"水"应是对水族先民自称的汉文记录。明代，王守仁的《月潭寺公馆记》中出现了对水族的记载，称"凡苗彝仡水之种连属而居者……"此后，邝（Kuàng）露在《赤雅》中也进一步说明："水亦僚类。"清朝时又出现了"水家苗""水家"等称呼。中华人民共和国成立后，族称定为"水族"。

虽然至今在诗词中难以寻到与水族有直接关系的记载，但有关八桂西北一带"僚"人的信息却能在一些诗作中窥见一二。如北宋著名的政治家、文学家、史学家欧阳修曾作《南僚》一诗，诗中提及的一些内容或许与水族先民相关，如"抚水有上源，水浅山崄巇（xiǎnxī）。生民三千室，聚此天一涯。狠勇复轻脱，性若鹿与麋"。抚水上游的僚人居住在深山浅水之中，彼此团结互助，有着过人的胆识和豪爽的性格。欧阳修在民间采风，哀痛当地生灵涂炭，故"吮毫兼叠简，占作南僚诗。愿值采诗官，一敷于彤墀（chí）”。作者以《南僚》一诗，表达出对国家太平、官吏清廉及百姓安居乐业的殷切期盼。

岭南之地，六月间风雨渐多，但有了充足的雨水，庄稼就有了丰收的希望，天气也不那么炎热了。正如黄誉在《龙州竹枝词》里所云：

知时好雨慰人多，早稻收完种晚禾。
水复山重鸡犬静，家家儿女嗜菠萝。

八桂的农户收完早稻又要张罗种晚稻，及时飘洒人间的雨水保障了农作物的生长。烟雨缥缈让山水看上去多了些朦胧之美，层层叠叠的山峦，缓缓流淌的河水静静陪伴着这里辛勤劳作的人们。

五谷丰登

秋社人人笑语欢

进入农历七月，立秋一过，八桂大地就迎来了收获的季节。黄彦坊《岭山农事纪候咏十二首·八月》有云：

黄云十里拥江干，秋社人人笑语欢。

一粒几经辛苦得，好些收刈莫阑珊。

稻田中成熟变黄的稻谷如同黄云般沿江铺开，蔚为壮观，其他的农作物也纷纷成熟，人们迎来了收获的佳期。广西秋季虽然植被变化不明显，但亦秋高气爽，不似夏天那样酷暑难当。七夕、七月十四、中秋、重阳、尝新等节日接连而至，人们尽情地体会着丰收的喜悦。

每到秋来七月间

立秋是秋季的起始，包括农作物在内的自然万物开始从繁茂走向成熟。立秋，带给人们丰收的期盼，故而受到重视。清末宁明人欧显谟的《和梁学林明府立秋日喜雨诗原韵》表达了对立秋降雨的欣喜：

立秋有雨秋收有，未立秋前望已久。
炎荒七月不成秋，秋来余暑□无耦。
邑侯望雨雨即来，此衷殆亦天之牖（yǒu）。
欣然纪事播诗歌，非爱吟诗爱黔首。
吁嘻好雨知时节，因时而有无先后。
新凉从此共知秋，赏雨豪情思剪韭。
安得柴门临水稻，花香拂面如田叟。
古来民事必先农，三推九推重南亩。
向见道旁祝篝车，曾操豚蹄奠卯酒。

今秋瑞应兆嘉禾，可卜来秋资体口。
喜雨名亭古有之，侯之贤良类斯守。
赋税无事业捕蛇，百姓何至邻刍狗。
我亦甘棠舍下人，不辞纪胜频久手。
伫看鸡黍话桑麻，挝（zhuā）鼓笑开秋色酒。
酡（tuó）颜半醉说恩施，佥云乐自仁人授。

诗中提到农户苦于长期无雨，在田边频繁祷祝、敬献牺牲，恳求雨水降临。立秋日得到甘霖降下，农户的丰收可算有了盼头。

七月初七为七夕节，传说此夜是牛郎与织女一年一度在天河相会的日子，全国各地有拜织女乞巧、拜魁星、吃巧果等活动。八桂各民族在七夕节也有挑七夕水、七夕乞巧、洗七夕澡等民间习俗。

俞功懋在《合浦竹枝词》里描绘了合浦当地七夕取“圣水”的民俗活动：

卜岁休逢鬼打节，瓷瓶圣水井华清。
鹊桥巧驾双星度，犊鼻高悬趁午晴。

诗中所谓的“圣水”即人们在七夕这天挑来储存的水。相传仙女在七月初七清晨会到河中沐浴，人们认为河水沾了仙气，拿来煮药则异常有效，用来制醋则异常香美，用来酿酒则特别香醇，用来染布则布匹发亮。这天下河游泳或洗身能消灾除病，洗发则头发异常黑亮。故此，壮族妇女往往在七月初七的寅卯时就挑七七水窖藏，供全年特需之用。如今，巴马瑶族自治县长绿山一带的壮族人还有祭祀“神仙泉”的传统，并以七夕的泉水为圣水，在这天挑水回家供全家取用。

月升之时，女子们在庭院陈列果品、剪刀、尺子、针线，焚香拜织女乞巧。乞巧的未婚女性，在乞巧时也祈祷着天赐好姻缘。正如农赓尧的《七夕》一诗：

万古关情处，都归此夜中。
人间重离别，天上惜倥偬。
云雨千峰暗，星河万水通。
妍媸儿女态，乞巧谁更工。

黄体元的《七夕乞巧》一诗，淋漓尽致地再现了少女们的殷切心意：

巧向天孙乞，昏黄七夕秋。
银河飞雪练，金佩响针楼。
珠网空悬耳，鸳机肯度不？
瓜果罗琐屑，絮语暗绸缪。

欲拜双星赐，何嫌五体投。

人天香杳霭，风露夜清幽。

但望灵如鹤，应无拙似鸠。

他时珠握慧，曾否忆牵牛。

黄昏之时，七夕之夜，乞巧之人摆上果盘贡品，五体投地，向牛郎织女星祈求工巧之技。她真挚地许愿，希望自己能够灵巧如飞鹤，别像那蠢笨的斑鸠那般。诗人忍俊不禁，在最后调侃道：等你聪明如同手握慧珠，还会想起曾向谁祷祝吗？

鹊桥一搭，牛郎织女才能相会，趁着午夜星晴好好说句知心话。欧显谟有一首《七夕感咏》体现了七夕节在人们心中的特殊意义：

楼头瓜果家家有，七巧人间待已久。

只道星期七夕秋，牛郎织女寻相偶。

未知真幻竟何如，披衣为起开轩牖。

闲情爱诵少陵诗，天街如水徒翘首。

更忆张君探河源，疑团共待万事后。

乌鹊何力能填桥，是非当问崆峒叟。

离人思归值今宵，例惹闲愁如服亩。

露立长思感不禁，漫天西顾罗星斗。

[清]佚名《十二月令图·七月》 台北故宫博物院藏

凉风淅沥梧桐阶，微云淡漾天河口。

牛女是谁先过桥，□□□□□□守。

谁家夫妇别离多，愿祝天孙鸡与狗。

□□此日慰相思，偕老岂徒歌机手。

漏尽衣单久坐难，无限情怀付杯酒。

富寿多男果可求，问谁有福能消受。

诗人披衣出门，看到家家户户都在用瓜果祭祀织女，以此乞巧。他遥望星空，不禁想起牛郎织女的故事，其中的真假又该问谁呢？尽管如此，诗人还是应景地祝愿天下夫妻得以长相厮守，再看看凉风中独自徘徊的自己，形单影只，只能将万千思绪付于酒樽之中了。

七夕本是一个浪漫的节日，农赓尧偏作《贫女嘲》一首，以人喻己：

曾夸乞巧烂天章，恰衬缝工对一堂。

怪得量才无玉尺，年年空作嫁衣裳。

诗人就如同乞巧的姑娘们，虽然满心诚恳，却也没能拿到那“玉尺”，裁不出好衣裳，无人赏识啊！

经历了感情风波的女人们追忆往昔，更是怀念未嫁时的天真无邪。陆小姑曾赋《七夕》诗一首，回忆自己出嫁之后的痛苦生活：

碧落三秋迥，银河一线横。

有人当此夕，无处问前生。

白首甘抛弃，红闺忆誓盟。

溯从谐凤卜，长愿戒鸡鸣。

展庙容初敛，宜家句载赓。

灯前闻促织，雨里听催耕。

砧冷衣频捣，葵香手自烹。

暮挑蔬半亩，晨汲水双罂。

质悴繁忧集，劳多痼疾成。

霜欺兼雪虐，絮弱更尘轻。

中道郎恩断，罡（gāng）风妾梦惊。

不教栖紫燕，真个打黄莺。

转石余赊望，呼天竭至诚。

眼枯空涕泪，心捧未分明。

人去惭归璧，于飞记佩琼。

已难收覆水，只为怒翻羹。

娣姒色凄凉，亲朋笑谑声。

逐臣千古恨，思妇廿年情。

薄命聊终老，微躯以罪行。

仳离何所对，遗误是诗名。

陆小姑原名陆媛，生于书香之家，满腹诗华。但她的才华在夫家得不到赏识，诗中描绘道，她在夫家终日捣衣烹调、种菜汲水，被榨干了血汗，劳顿成疾，最后还被愚蠢的丈夫抛弃了。她满怀的忧愤只能以诗文来排解，这含泪哀怨的诗篇，便是对封建礼教的血泪控诉。

陆小姑遇人不淑，但人间却也不乏深情之人。黎申产奔波在外，七夕不得与妻子团聚，故作《七夕寄内》一诗以表思念：

双星今夜渡银河，侬尚飘零可若何。
寄语闺中休乞巧，巧妻天上别离多。

就连牛郎织女相见的这一日，诗人也见不到自己的妻子，漂泊在外，无可奈何，思念之情溢于言表。女子多在这一日穿针乞巧，但他却希望妻子不要乞巧，因为天上的织女虽然心灵手巧，但离别亦多啊！

农历七月十四，是广西传统的、仅次于春节的盛大节日，又被称为“鬼节”“接祖节”等。它融合了中华民族早期的中元节传统，形成了独具地域特色的节庆习俗，在壮、汉等各族民众中广为传承。七月十四当天，八桂百姓多在家中的祖先神龛前供奉以鸭为主的各类菜肴，有的地方还要做糍粑、蒸糯米饭或包粽子，摆上金银纸钱、冥衣等，烧香献酒，以此感恩祖先。就连已出嫁的女儿们也会带着孩子们回到娘家过节，热闹极了。陈芝诰的《怀城四季竹枝词·七月送包》说：

金银衣纸共包齐，亲自呼鬟送去归。

面上数行和泪写，某门某女细标题。

“送包”是贵港一带重要的习俗。七月十四这天，已出嫁的女儿要给新故的祖父母或父母烧“纸包”。纸包里装着金银纸锭等，并写清自己的名字，因而得名。这满满的纸包，沾染了多少女性思亲的悲痛之泪呵！

在庄重热闹的节日气氛中，黄体元却写下一首《节穷》，谐谑地描述了自己过七月十四时的狼狈样：

无钱过鬼节，百事概权宜。

肴减今年例，醪空旧日卮。

柴薪已将就，香楮（chǔ）费支持。

为谢诸幽鬼，余家免望施。

家中无酒无肉，烧火用的柴都快没有了，更别提那祭祀先祖和遣送野鬼的香纸钱了！对不住了，诸位幽鬼，就别期待从我家能得到供奉了。

农历七月广西天气渐凉，外出游乐的人群也逐渐多了起来。正如黄焕中的《龙州竹枝词》中所述：

每到秋来七月间，行人收拾笑开颜。

问郎策马将焉去，侬要遨游八角山。

秋高气爽，适宜纵马山间，但也要开始为秋冬的到来做准备了。女子开始织锦制衣，就像莫震在他的《忻城竹枝词》中所描绘的那样：

七月山城灯火明，家家织锦到三更。

邻鸡乍唱停梭后，又听砧声杂臼声。

勤劳的女子们挑灯夜织直到半夜。鸡鸣之后又忙碌起来，碾米做农活，一样也没落下。

除了添置冬衣，各家的茅屋也需要翻新了，清代李维疗的《峒中杂咏》有云：

昼尔于茅夜索绹（táo），豳（bīn）民治屋一何劳？

茅龙岁岁衣更换，屋等豳歧结构劳。

诗中采用了《诗经・豳风・七月》的典故。古时南宁市上林县一带的百姓所居住的房屋多为茅屋，房屋的结构坚固，广西严寒时间短，为避秋冬之寒，年年更换茅草就可以了。

农历八月，新谷将熟，桂花飘香。在等待新一轮丰收之际，人们迎来了秋社、中秋佳节，以及跳岭头、祭舜帝等节庆活动。

中国传统历来重视“春祈秋报”。八月初二，武鸣人素有庆祝秋社，向社神祭献的风俗，以此感谢社神护佑禾稼丰收，百姓顺遂。清代陆以耕在《迁江竹枝词》中写道：

东阡南陌报秋成，晚稻登场碾白粳。
更好沙田多美利，提筐拾遍落花生。

诗人深深地明白，每粒粮食都是农人勤奋劳作而得，迁江（今来宾市兴宾区）最佳的收获时节已经来临。秋社上亦有各类娱乐表演，娱神娱人。蒯嘉珍的《明江杂咏》描绘了清代宁明县明江一带秋社日赛神的热闹场景。鼓声咚咚，表演开始，大家笑逐颜开，迎接丰收：

咚咚社鼓听三挝，报赛田家笑语哗。

秋谷丰收春谷早，编银折色竞输衙。

蒋琦龄的《桂林竹枝词》中也提到了秋社祭神之事：

秋晚神祠沸管弦，杯珓（jiào）叠掷赛丰年。

小巫歌罢老巫醉，乌烛烧分利市钱。

鼓乐声中，巫师歌咏酬神，表达丰年之后大家的感恩之心。乡邻们聚在一起觥筹交错，共话桑麻，你看，连老巫师都喝醉了呢！

广西壮、侗、仫佬等民族在各类节庆仪式活动中喜用铜鼓。铜鼓是百越后裔重要的通灵神器，也是首领威望的象征。历史上有关铜鼓的诗歌创作亦不少。明代万历年间进士、广西按察使盛万年的《右江谣》提到了人们在祭祀活动中赛铜鼓的场景：

昭江滟滟连邕管，千崖赭碧清霜满。

竹鸡格格啼榕树，修蛇毒雾愁浸淫。

鸟言卉服绣项渠，荒茅丛箐山头居。

时平莫负葸簩（sī láo）弩，夜雨丛祠赛铜鼓。

诗人来到右江腹地，这里环境清幽，高崖翠竹。百姓说着他听不懂的语言，穿着绣有美丽图案的华丽服饰，居住在山头树林之中。时代承平，人们的生活平静祥和。这里没有战乱，只有雨夜祠堂里赛铜鼓的声音。

清代康熙年间进士、曾任山东武城知县的柳州人戴朱纮亦有《铜鼓歌》：

蛮溪雾毒苍虬舞，土人架阁悬铜鼓。
问是当年谁所留，尽说传自汉武侯。
武侯天威靖蛮落，日畴岁垦桑麻蒻（ruò）。
四时儿女吹芦笙，椎牛酌酒欢相噱（xué）。
往年蛇逐盘丰淆，深山亦有戈铤到。
安得仍如诸葛公，茅檐鼓腹来和风。
嗟尔瑶民勿复惊，当今临御真圣明。
赫兴禁旅歼狂惑，金齿投戈六诏平。
复简文武似吉甫，建节炎荒问疾苦。
安攘大计追前武，尔瑶熙皋应重睹。
春秋赛社击铜鼓，何用腰刀藏毒弩，年年但种山前土。

民间盛传铜鼓是诸葛亮所铸，为各族百姓沿用至今。春祈秋报，都需击打铜鼓为乐。大家不仅击鼓，还吹起芦笙相和，聚会宴饮热闹非凡。

明代桑悦的《按行怀远峒民村出小男女歌舞相迎男谓之罗汉女谓之女仔》亦记录了侗族人月圆之夜在鼓楼吹芦笙相聚的习俗：

牵裳跳跃舞婆娑，罗汉吹笙女仔歌。
犹胜李陵闻卤乐，身沦异域感伤多。

怀远旧地在今柳州三江侗族自治县，这里历来是侗族人居住的地方。男子吹笙，女子唱歌，一同跳舞为乐，结交朋友，寻找知己，多么欢乐呀！而诗人由于仕途不顺，远离故土，陌生的语言和曲调让他生出

侗族芦笙舞 | 李桐 摄

颇多孤苦之感。卤乐指的是古代西北少数民族的音乐。诗人以西汉名将李广的孙子——李陵自喻。李陵是西汉时陇西城纪人，率兵出击匈奴，战败投降，流落匈奴，直至病死也未能返回故土。

传说农历八月十三是舜帝的生日。舜帝，名重华，号有虞氏，史称“虞舜”。桂林全州县文桥镇的百姓自视为舜帝后裔，每年舜帝生日都要为其祝寿，祭拜献礼，舞龙灯，办庙会。整个庆祝活动历时较长，从每年八月初一开始，到二十日才结束。传说舜帝曾南巡至苍梧郡（今梧州市）而亡，葬在九嶷山，虽然具体地址至今仍众说纷纭，但八桂与舜帝始终有着不解之缘。秦始皇在传说中的舜帝南巡之地设置了零陵县，县治就在今全州一带。汉武帝元鼎六年（公元前111年）置零陵郡，大致辖今永州、邵阳、桂林等地，郡治仍在今全州。桂林一带多舜帝庙，桂林人说舜帝曾来到桂林虞山下的黄潭，今日桂林虞山公园中仍有虞帝庙供奉舜帝及其妃子娥皇、女英，是当地最古老的庙宇之一。宋之问的《桂州黄潭舜祠》或是他在拜谒桂林虞帝庙时所作：

虞世巡百越，相传葬九疑。

精灵游此地，祠树日光辉。
禋（yīn）祭忽群望，丹青图二妃。
神来兽率舞，仙去凤还飞。
日暝山气落，江空潭霭微。
帝乡三万里，乘彼白云归。

传说舜帝的妃子娥皇、女英听闻舜帝在苍梧驾崩，哭着寻至潇湘一带，后来，由于寻不到舜帝的尸首，她们便跳江殉情。路边沾上了滴滴泪水的竹子化为湘妃竹。黎申产的《娥皇女英》再现了这一流传广泛的民间传说：

五月南巡去不还，殉夫同到九嶷山。
鹧鸪啼恨人千载，杜宇招魂水一湾。
斑竹泪痕深浅处，苍梧瑟韵有无间。
我来举目黄陵庙，落叶斜阳处处殷。

蒋琦龄曾在全州的二妃庙前留下了这样一首诗：

二妃庙前新水生，湘春门外踏春行。
北船南去无消息，日日高楼望远情。

娥皇、女英苦苦守望，却再也盼不回舜帝了。如今，全州重修了二妃庙，供人们瞻仰。

桂林虞山公园

清末苍梧县（今梧州市）人伍纫秋的《梧州竹枝词》里提到了苍梧的舜帝庙：

行行又到鱼花塘，虞帝庙前吊夕阳。
更上锦鸡岩上望，九嶷山远隔潇湘。

夕阳西下，斗转星移，就算登高望远，舜帝驾崩的九嶷山和二妃殉情的潇湘之地，也是重山远隔啊！诗作未提一个“情”字，却让人读罢怅然若失，几添哀愁。

黎申产曾作《苍梧怀古》，对八桂的重要历史典故如数家珍，追寻着舜帝的足迹：

高登睥睨望牂牁（Zāngkē），吊古心情枨（chéng）触多。
百粤云山余仡佬，三江烟雨踏鼋鼍（yuántuó）。
土邱何处埋虞帝，剑气于今说尉佗。
俯仰不胜人世感，几回搔首问歌罗。

牂牁为古郡名，西汉置，在今贵州省境内。载于《史记》的牂牁江亦被认为流经八桂之地。仡佬族分布在贵州、广西等地，是百越的后裔。舜帝最终葬于何处，依然未有定论。曾割据岭南的尉佗留下不少的传说。隋代百越先民建造的歌罗城已沧海桑田，湮没在历史之中。诗人对百越的历史颇为熟悉，对中华民族的沧桑变化感慨良多。

农历八月十五是八桂各族共享的传统佳节——中秋节。中秋节又被称为“仲秋”，即处于秋季正中的节庆。各民族的中秋习俗颇为相似，如拜月、赏月、吃月饼、制花灯、“偷瓜”等。明代侯官县（今福建省福州市闽侯县）人、知名学者曹学佺曾任广西右参议。他在桂林过中秋时曾写下《桂林风谣·其五》：

箫鼓沸中秋，肩挑水族稠。
饔飧（yōngsūn）临顿办，节序竞时修。
月兔灯俱上，风鸢（yuān）瘴易收。
官街青石路，醉倒滑如油。

中秋时节，鼓乐喧嚣，许多人肩挑水产来来往往。早饭、晚饭按时准备，节令遵循规律轮转。月亮与万家灯火同时亮起来，在这秋高气爽适合放纸鸢的时节，山岚瘴气也已消散。中秋节贪杯的人们醉倒在街道上，却怪这石板路太滑了。

陈芝诰曾在诗作《怀城四季竹枝词·八月烧香》中描绘贵港人过中秋的民俗：

月满中秋夜气清，笑陈瓜果结新盟。
香烧柚子诚心拜，联取金兰姊妹情。

中秋月圆，妇女在自家院子中摆上瓜果月饼，和姐妹们相约共拜嫦娥，祈求月圆人团圆。此时正是柚子成熟之际，故祭品中常见此物。按习俗，人们常焚香插在柚子上祭拜，柚子又被插于两三米的高竿之上，或许是希冀以此通达天际吧。八桂民间传说月亮上的嫦娥、月兔等都食素，故祭祀之物除了月饼和柚子，多为瓜子、板栗、花生、核桃等素食。

拜月之后，人们多有聚众赏月之俗。大家在一起欣赏着寓意团圆的满月，热热闹闹地品尝月饼、水果及其他小吃。此时各族的饮食习俗各不相同，比较有特色的如仫佬族人要吃粑粑，京族人要吃糖饭、糖粥，侗族人则多打油茶、吃南瓜。蒯嘉珍的《太平竹枝词》则写到了崇左人吃鱼生庆中秋的习俗：

八月中秋话豆棚，杯盘罗列吃鱼生。
一年四季都和暖，霜雪何曾到太平。

佳节赏月于豆棚之下，各种珍馐美味都摆上来。鱼生是桂中地区常见的佳肴，是把酒言欢最好的下酒菜。岭南一年四季温暖宜人，太平这个地方从未遭受过凛冽霜雪的侵袭。

黄体元的《中秋夕偕同人玩月》以丰富的中国传统神话内容入诗，风格清冽，想象瑰丽：

西风翦（jiǎn）翦桂飘香，此夜银蟾分外光。
玉露暗滋仙掌湿，琼楼高厂羽衣凉。
谁曾拽杖登天柱，我欲浮槎上月旁。
抱兴与君同不浅，劝酬莫惜酒千觞。

一阵又一阵的桂花香里，月亮分外明亮（“银蟾”指代月亮，源自月亮上有蟾蜍的传说）。诗人与同伴畅饮赏月，浮想联翩：广寒宫里玉露清冷，吃了仙药飞升奔月的嫦娥仙子纵披羽衣，也会感到几分凉意吧？神话里曾说神柱通天地，又说浮槎可以随意来往于海上和天河，多想乘着浮槎去到月亮之上啊！

中秋时节，人们除了赏月，还有登高、泛舟、载歌载舞之俗，深夜尽兴方归。此时的娱乐活动形式多样，包括游园灯会、踏歌、跳月、跳岭头等。

中秋游园灯会的规模可大可小，各类纸糊的灯笼表达出百姓追求美满团圆的愿望。慈爱的长辈会为孩童制作柚子灯。做柚子灯，需选择一个大而饱满的柚

［明］吴彬《岁华纪胜图·玩月》　台北故宫博物院藏

子，削去顶端，挖出果肉，在柚子皮上雕刻“花好月圆”等祝福之语，还可以雕刻动植物等各种图案，之后，用线穿起柚子皮，系上把手，在柚子皮中点上蜡烛。月夜之下，蜡烛光透过柚子皮，营造出温暖而恬静的氛围。除了柚子皮，还可用木瓜、南瓜等来做灯。

赵荣正的《龙津竹枝词》里就提到了木瓜灯笼：

伴月清秋月正中，木瓜雕出小灯笼。

奇花竞斗知谁巧？几处喧阗（tián）聚幼童。

趁着外出赏月之际，大家将柚子灯、木瓜灯等放入江河或池塘中任其漂流，于是水面上“繁星”点点，映衬着天上皎洁的月亮，又为中秋节增添了几分诗情画意。

晚清“京东第一人”、直隶乐亭（今河北省唐山市乐亭县）人史梦兰的《粤西竹枝六首》中记录了侗、苗、瑶等各民族先民相约踏歌的习俗：“竹笛芦笙喧聒处，踏歌先去祀歌仙。”青年男女，身着五彩绚丽的盛装，在丛林深处吹起芦笙和竹笛，以歌会友，一唱百和。诗人在诗后解释，这种习俗被称为“会阆”，从农事结束到第二年的花朝节为会阆期，会阆期以外，人们也会趁着节日会阆，其中以元宵和中秋为盛。

清代万端友的《百色竹枝词》里也提到了当地的踏歌习俗：

圆领短衣白似银，青裙百褶裹腰身。
踏歌连臂怀春女，不解邻船看煞人。

白色短衣配黑色百褶长裙是百色一带壮族女性的常见装束。青春洋溢的壮族姑娘们正手挽手跟着歌唱的节奏跳舞呢！她们或是在河边或是在船上，身姿欢快轻盈，附近船上的人都被吸引过来了。

八桂瑶族、壮族等民族欢乐的跳月习俗也被记录下来。清代张洲是陕西武功人，乾隆年间进士。他曾在广西修仁（今桂林市荔浦市）等地任知县，对当地民风民俗颇为熟悉。他的诗作《修仁杂咏》描绘了男女青年月下相会的热闹情形：

蛮音鸟语浪花歌，百褶湘裙十幅拖。
联袂唱酬浑跳月，几瑬溱（zhēn）洧（wěi）挽流波。

人们你唱我和，悠扬的歌声在月色中飘扬；手牵着手，跳起欢快的舞蹈。快看！姑娘们舞动的百褶裙多么美啊！虽然诗人听不懂这浪花歌，但也被这欢乐的气氛深深地感染了。

何梦瑶是清代广东名医，曾在广西阳朔、岑溪等地为官。他的这首《桑江道中竹枝词》写的也是各民族聚会跳月的场景：

过尽瑶村又壮村，青裙花袂倚柴门。
阿谁跳月山歌好，不是同年不与言。

男女青年身着青裙花衣，走遍瑶寨和壮村寻找情投意合的人生伴侣。哪位阿妹跳月美，哪位阿哥唱歌好，这些消息都只与同年分享。如今，柳州一带的人们还保留着在中秋节结同年的习俗。男青年可结成“十兄弟”或“兄弟会”，女子则可结为“十姐妹”或“姐妹会”，人数从十几到数十人不等。同年平日里互相帮助，中秋节时相聚同度佳节。

赵有成（生平不详）的《瑶壮竹枝词》着重描绘了当地瑶族、壮族姑娘的精美服饰：

花簪高髻饰银珰，百折腰裙刺绣装。
方领布衫长及腹，一双赤足吃槟榔。

刺绣精美的服装配以花簪、银饰，姑娘们浑身释放着耀眼的光芒。她们赤足行走、吃着槟榔的天真模样，有一种别样的美。

八桂有些地方还有中秋节“偷瓜”之俗。况澄在《桂林竹枝词》里提到了桂林一带的“偷瓜”习俗：

准备中秋蹈月光，阳桥连步去来忙。
送瓜卜得宜男兆，处处高悬柚子香。

好心的“偷瓜人”在皎洁的月光中来到田间，摘走一个快成熟的瓜，悄悄送到还未生育的妇女家。收瓜人得到这份特别的礼物，占卜又得了吉兆，怎能不让人充满期待呢？

蒋琦龄《桂林竹枝词》里对中秋“偷瓜”习俗的描写令人仿佛看到了一幅风俗画：

柚子香中月未斜，夜深箫管在谁家？
莫愁新嫁年十五，女伴相邀去送瓜。

月亮高挂，银辉遍洒，柚子飘香，悠扬婉转的箫管之声高高低低。年轻的新娘盼望着早日能成为一名母亲，而她的闺蜜正准备为她送去刚从田地里摘取的瓜呢！如今，桂林一带的汉族百姓依然有中秋“偷瓜送子”的习俗。

在中秋节前后，钦州一带的壮、汉等民族有跳岭头的节庆习俗。跳岭头是在山岭之上举行的祭祀仪式，带有浓厚的民间信仰色彩，主要用于驱邪保丰，祈求平安，娱神娱人。跳岭头源于神秘的傩祭，清道光《钦州志》中就有对此盛会的详细记载，据说节日当天，“延巫者著花衣裙，戴鬼脸壳，击两头鼓，狂歌跳跃于神前，村男妇于坛戏歌，互相唱和，名曰‘跳岭头’，曰不如此则年不丰稔”。活动内容包括祭祀仪式、舞蹈和

跳岭头时使用的傩面具 | 陈梓桐 摄

音乐等，形式丰富，现场气氛热烈。2014 年，钦州跳岭头入选第四批国家级非物质文化遗产代表性项目名录。

俞功懋的《合浦竹枝词》提到了钦廉（包括今钦州市、北海市和防城港市大部）一带的这种傩祭活动：

> 但做平安不问医，赛神邀福仗巫师。
> 投荒尚记元城语，肘后青囊好自持。

诗中说百姓敬神祈福都离不开巫师，而如今跳岭头活动的主持人——师公也是由巫师发展而来。他们头戴傩面具，在坡地表演“跳三师”“跳四帅”“跳忠相”等傩舞，神圣庄严。傩舞中还融入了不少当地的民间传说故事，寓教于乐，是古时教育年轻人的重要方式。

知是良辰九九期

农历九月，秋高气爽。八桂各地都有过重阳节之俗，人们登高为乐，极目远眺，祈求家中老者健康长寿，阖家安康。除此之外，稻禾成熟，尝新节、寒露节、霜降节等节庆也热闹非凡。

根据中国传统的说法，“九”是阳的极数，九月九日为“重阳”，亦称“重九”。据研究，重阳节肇始于农作物丰收时的祭祀活动，后又被赋予了追求长寿、敬老等含义。广西的重阳节活动包括跳傩驱邪、登高赏秋、扫墓拜坟、酿酒宴饮、添粮补寿等。

广西重阳之日有行傩逐疫之俗。梁廉夫的《城厢竹枝词》里提到了当地百姓的跳傩之俗：

遥闻瓦鼓响坛壝（wéi），知是良辰九九期。

三五成群携手往，都言大社看跳筛。

“筛”即壮语“师公”的意思，指跳傩的人。古人认为九月初九阳气极盛，趁此佳期将各种邪祟驱除扫净，人自然也就增福添寿。诗人写的是贵港城厢街圩尾的大社活动，在社坛矮墙之内，蜂腰瓦鼓之声响起，大家纷纷相约前往，看师公戴起古老的面具跳傩迎神，祈求秋福。第二天，师公还会为各家各户贴上灵符，以祈安康。

林文度的《贵阳竹枝词》写的也是贵港一带祭社跳傩的活动：

重阳乡市各纷纷，钲鼓行傩到处闻。
逐疫成群还祝社，一壶清酒醉桑枌（fén）。

重阳一到，各地百姓纷纷到社坛祭拜，乐声大作。祭祀礼毕，乡邻们免不了一起宴饮欢聚，共话家常。

每年九月初九，上思壮族人则举行祭雷神节。各家带祭品到村头地边祭拜土地神和雷公，感谢雷公为稻作生产送来雨水。

秋高气爽，万物进入丰收期。广西人亦有登高、赏菊、插茱萸、扫墓之俗。

清代宁明廪生、理学家黎绩熙的《壬子九日侍州牧刘侯敬亭登高恭步元韵》，讲述了自己与州牧（清代知州的别称）刘作肃（字敬亭）等诸位官员、友人重阳登高望远的感慨：

柴门久已谢尘嚣，乘兴登高景色饶。

满目黄花增客思，盈樽绿蚁助诗毫。

自惭画里添蛇足，却幸筵中嚼蟹螯（áo）。

保障正凭慈父母，欢腾四境制香糕。

高楼之上风景绝佳，满目黄菊花惹人怜爱。朋友们饮酒吃蟹，吟诗作画，岂不快哉！更幸运的是，家中还有慈爱的父母，正忙碌着为晚辈制作芬芳四溢的香糕呢！

况澄则嫌重阳登高的人过多，而独自居家赏菊：

桂林竹枝词（其十）

佳节登临例有诗，闭门聊泛菊花卮。

独嫌此日游人盛，早拟先期与后期。

和黎绩熙同游的刘作肃是奉天承德（今辽宁省沈阳市）人，他作有《壬子九日登城东楼叙饮纪事二律》，其中一首提及了宁明百姓插茱萸、拜墓祭扫的重阳风俗：

大年携客共登楼，枫岭余烟惨未收。
投箸每惊贯雷耳，插萸同惜雪盈头。
疮痍愈后还思痛，患难平时亦可忧。
今岁幸无风鹤响，都人拜扫遍西畴。

身为朝廷命官的刘敬亭与客人登高，看到受灾后的城镇满目疮痍，颇感哀痛。幸好今年未有兵戎为害，百姓们依然可以登高插茱萸，思亲扫墓。

[明] 吴彬《岁华纪胜图·登高》　台北故宫博物院藏

重阳扫墓的内容与清明大致相当，有的地方扫墓仅限于未满周年的新坟。

清代李中素的《廉州竹枝词》里提到广西北部湾百姓酿菊花酒、放风筝的习俗：

清明已酌菊花酒，重阳更买纸鸢飞。

雨来六月添绵纩（kuàng），日出三冬正葛衣。

诗中清明喝的菊花酒应该就是前一年重阳节时酿

制的。广西人喝的酒，各处不一样。如融水苗族人做的“重阳酒”，是一种糯米甜酒，其色泽澄黄，香气扑鼻，酒味甘醇。此外，桂北地区的壮、汉等民族还有在重九日为老人家添粮补寿和为孩童拜认“寄父母”之俗，均因此日有“长长久久”之意。

在秋季，广西壮、侗、仫佬、毛南等民族多有过尝新节的习俗。人们在稻谷即将成熟之时，到田间割下稻穗做成“扁米”（青米），以此祭祀田神等神灵，并款待亲朋好友，庆贺丰收。黄彦坊的《岭山农事纪候咏十二首·九月》所描绘的场景似与尝新节的祭典有关：

早稻才收晚稻黄，家家炊玉十分香。
但祈岁岁逢甘雨，粒我蒸民圣泽长。

新稻做出来的扁米如同玉石般粒粒晶莹，香气四溢，以此作为祭品，但愿诸神护佑，年年风调雨顺，福寿安康。如今，这些民族依然在过尝新节。例如，红水河流域的壮族人依然在农历八至十月之间“吃新米”，人们用新米、新豆、新芋头、芝麻粉等煮成杂饭，寓意当年各种农作物都有好收成。

“秋至蓝靛熟，清香传百里。”贵港的百姓忙着采摘蓝靛草，用以在寒露节后染新布。这里家家户户都备有染布专用的大缸，将采摘好的蓝靛草拿回家中放在大缸里浸泡，大约十天后，将腐烂的渣滓捞出，即成靛蓝。染布时，将布放进缸中，用烧酒等进行调和，多次浸染，直到染出满意的颜色。陈芝诰的《怀城四季竹枝词·九月门缸》记载了秋季染布之俗：

秋风吹老菊花黄，染布争开蓝靛缸。

夜半天空人语寂，声声砧杵月中撞。

染好的布还要经过捶打、碾压才能平整发亮。听，深夜传来的砧杵声都是染布人们辛勤劳作的证明。

壮族霜降节的时间是每年霜降及其前一日和后一日，盛行于天等、大新、靖西、德保、那坡等操德靖方言的壮族人之中。《归顺直隶州志》中有关于霜降节的记载："前一日，州城各户裹粽，谓之'迎霜粽'。节间燃烛烧香，供祖先，给小孩。四乡亦作糯米糍，谓之'洗镰'。推原其故，盖幸登场事竣也。"俞功懋的《合浦竹枝词》有云：

双排粒号平头菜，钩割年丰霜降黏。

谁家多种斑鸠糯，酿得新篘（chōu）菜豆甜。

诗中提到了农户家种植的黏米、斑鸠糯、平头菜和菜豆，还有百姓普遍喜爱的新漉取的酒，可见诗人并非四体不勤五谷不分，他对农业生产的熟知与关注令人钦佩。2014 年 11 月，由崇左市天等县申报的壮族霜降节经国务院批准，作为“农历二十四节气”的扩展项目入选第四批国家级非物质文化遗产代表性项目名录。

有关霜降节来源的说法不一，一般认为与一位名叫岑玉音的女英雄有关。相传岑玉音是当地土司许文英的妻子，她英勇善战，和丈夫一起并肩作战，打败了入侵的外敌。还有人说，她曾奉朝廷之命到东南沿海抗倭，屡屡挫败倭寇的进攻。无论何者，她胜利之时都适逢霜降，人们由此定下庆祝霜降节的传统。由于岑玉音出战多骑牛，因此壮族人尊称她为“娅嫫”，即“骑黄牛的老婆婆”之意。在崇左市大新县下雷镇，至今仍有纪念岑玉音的娅嫫庙。

霜降节的庆祝活动一般持续三天，霜降的前一天为“头降”日，霜降这天是“正降”日，霜降的后一天为“后降”日，每天的活动内容都丰富多彩，热闹非凡。节日期间，下雷镇的商贸活动异常兴盛，在霜降日当天形成“霜降圩”。如今，除了传统的娱乐活动，当地人还根据时代的需求，发展出广场舞比赛、山地自行车越野比赛、攀岩比赛等活动，进一步提升了节日内容的多元性。

里闾馈岁

冬酒围炉倒玉瓶

农历十月，广西的人们酿酒备粮，期待着能度过一个安然惬意的冬季。蒋琦龄《桂林竹枝词》有云：

冬酒围炉倒玉瓶，瓦沟瞥见水晶钉。

卷帘一幅王维画，小院寒蕉雪里青。

诗中提到唐代著名书画家王维的画作《袁安卧雪图》，他在画中画了一株立于大雪中的翠绿芭蕉，引发了很多争议，因此，这幅画又被称为“雪中芭蕉”。其实，雪中芭蕉的景致在广西人看来算不得奇特，因为这里就算历经寒冬，植株也绿意盎然。

山城十月菊花开

进入农历十月，人们庆立冬，拜班夫人，有的过依饭节、双喜节、盘王节等，沉浸在冬季稍为闲暇的时光中。此时，广西夜间已渐寒凉，气温略有下降，但白天依然暖热，有“十月小阳春，无风暖融融”之说。

立冬时节，菊花盛开，秋蟹膏肥，大自然给人们带来的馈赠十分慷慨。俞功懋的《合浦竹枝词》里说：

山城十月菊花开，薄薄寒生纸被裁。
一夜北风江口紧，满筐毛蟹上街来。

立冬之时，岭南有吃甘蔗之俗。黄焕中的《海渊竹枝词（其五）》有云：

数园甘蔗隔江涯，收割隆冬正及时。
郎试吃头侬吃尾，分尝甘淡有谁知。

宁明海渊镇一带的壮族人忙着完成最后的收割工作。此时，甘蔗已熟，年轻人正和意中人一起享用同一根甘蔗呢！

其他的田间劳作也依然断断续续。黄彦坊的《岭山农事纪候咏十二首·十月》里说：

稻孙秀发也须犁，且急骑牛上野蹊。
数亩花生收不尽，一家趺（fū）坐日沉西。

虽然谷物已收割，但仍需犁新田、收花生，把全家老小累得够呛！

谢启昆的《桂林杂咏》中则记录了桂北人入冬吃馄饨的习俗：

踏梯人摘紫茄肥，寒煮馄饨扇尚挥。
不乃羹同香稻咽，舂堂响和纺棉机。

桂北所种的茄子长得太高，要架上梯子才能摘得到。虽说已入冬，但白天吃馄饨的时候还要扇扇子，因为天气还没有那么凉快呀！诗中提到的“不乃羹”是以牛羊内脏为原料做成的羹，诗人认为臭不可近，却是当地人的下饭好菜。舂谷声和纺棉声相互应和，人们忙个不停。

[清]张若霭《墨妙珠林·立冬》 台北故宫博物院藏

十月初四，左江一带有为班夫人庆生之俗。据传，班夫人名都英，是东汉时期凭祥班村人。伏波将军马援率军南征时，在左江一带遭遇了缺粮的窘境。在此危急关头，都英姑娘带头捐出陪嫁粮食“姑娘米”，并劝说当地姐妹纷纷捐粮，使得东汉大军渡过危机，取得了胜利。后来，都英姑娘因病而逝，但她深明大义、赈济王师的事迹并没被遗忘。东汉朝廷授予她“班夫人”称号，之后历朝历代也不断进行追封，其英雄事迹被人们世代传颂。至今，左江流域的宁明、凭祥等地仍有不少班夫人庙，供人们朝拜瞻仰。黄誉熟知班夫人的故事并深为感动，他在龙州做官时，曾拜谒龙州的班夫人庙并写下了《题班夫人庙》：

苍苍无极思神明，古往精气享清烟。嵬然忠义出巾帼，暨南边徼（jiào）表人伦。夫人渊源沿后汉，凭祥土邑展德门。维时征侧梗王化，伏波甲士罗星屯。一时粮饷忽中绝，熊罴（pí）枵（xiāo）腹不能军。彷徨回顾皆化外，破家尚义稽与闻。何期邻近独内附，运粟泛谷盈江津。新息建碑开殊域，助功赞烈推女坤。大家续史标炎季，齐纨咏扇擅才文。未若经纶要至性，力参王事冠钗裙。尚稽青编无褒敕，至今食报双溪滨。

迁调来兹得始末，石碣文刻龙飞辰。乃知宋元征讨，明底定改土归流，世庙春惜哉，妥侑卑且隘，香火灵应祷祀频，花幡尺蠖（huò）号曰龙，任人扶玩不惊翻。我知金仙常有雌雄剑，袖里青蛇幻绿鳞。今年大稔两时若，结社云酌诚敬中，商贾士民不惜费，匝月街衢风景新，夫人徽德风臣民。

当地百姓认为，班夫人不但曾经以自己的义举助伏波将军完成大事，死后还庇佑一方风调雨顺，行舟安全，商贸繁盛，故此频频受到人们朝拜。除了日常节庆的朝拜，人们还以班夫人诞辰日作为庙会日期，在庙中打醮（jiào）设坛，活动长达三五日。据说，庙会期间会有青蛇盘踞香案或神前花盆上，双目炯炯，不食亦不去，大家都说是青龙显灵。民间传说伏波将军回到朝廷后请皇帝赐婚，没想到诏书送到这里，却被班夫人误会是皇帝要娶她。班夫人愤而自杀，伏波将军也伤心欲绝。故此，龙州百姓在班夫人庙的江对岸建了一座伏波将军庙，让二人可以日夜相望相守。

黄体元也有《班夫人墓》一首，说的是凭祥白马山的班夫人墓：

白马山前日欲曛，也随啼鴂（jué）吊贞坟。
寒烟漠漠春添黛，瘴雨潇潇夜赈军。
表节碑留扶汉在，平交功与伏波分。
行人莫怅香埋久，烈气于今压寒云。

诗人对班夫人做了高度评价，认为她的功绩可与伏波将军平分秋色。据说班夫人墓所在的白马山上风景极佳，“白马斜阳”是凭祥旧八景之一。

黄焕中亦有《龙州竹枝词》描绘当地姑娘到班夫人庙焚香之事：

班氏焚香上正街，宫妆不学貌偏佳。
莫嫌自己双趺大，好把银圈趁绣鞋。

到班夫人庙中焚香的姑娘来到了大街上，虽没化浓妆但仍秀色可餐。她们不裹小脚，天生大脚穿上绣花鞋也很美。

立冬节气之后，仫佬族人择吉日过依饭节。它是仫佬族人祭祀祖先与神灵、庆祝丰收、祈求平安幸福的传统佳节。节日期间，人们祭祀依饭公公、白马姑娘，隔二、三、四年不等举行一次仪式，每次以一至三天为期。届时，人们在举行仪式的祠堂里奉上猪、鸡、糯米团、三角粽，以及用红薯粉与芋头粉制成的黄牛和水牛模型等祭品，请分管跳神和唱神的法师进行安坛、请神、点牲、唱神、合兵、送圣等六个主要祭祀环节。祭神仪式后，众人欢聚共餐，纵情歌舞，热闹异常。收录在刘锡蕃《岭表纪蛮》中的一首诗作，描写了仫佬族先民的生活情形：

山深路远不通盐，蕉叶烧灰把菜腌。

女髻风鬟纯黑绾，男头雨笠尽红尖。

租田亦与人分秧，摘穗惟将手当镰。

间有十冬诓赋役，欲询无计召交谭。

仫佬族先民居住在深山之中，生活困苦。女子喜欢梳高髻，男子常常头戴斗笠。他们被官府摊派的赋税很重，而各村屯的“冬头”（即当地负责征粮的地方官）则为鹰爪，加剧盘剥，使得民不聊生。

十月初十，八桂各地的庆祝活动不少，先民视此日为庆祝丰收之时，有“庆丰节”之说。今日壮族的双喜节、瑶族的盘王节、苗族的十成节等，都是由“庆丰节”发展而来。壮族人在这天要杀鸡祭祖、蒸粑做粽、打鱼饮酒，以庆祝丰收。有的地方亦有拜坟扫墓之俗。十万大山的瑶民在这天要做糯米粑、洗禾剪。禾剪是当地人常用的农业生产工具，状似一把细弯的刀，人

禾剪

们在十月初十这天把禾剪洗干净放好，祈祷第二年稻谷丰收，因此，此日又被称为“洗禾剪节”。赵荣正在《龙津竹枝词》里描绘了百姓舂糍粑，捣米之声此起彼伏的热闹景象：

一阳动处纪初冬，粉米家家杵臼舂。
日午瓦盘新辟脍，尝生都为养阴供。

至今，广西某些地方的百姓还有在农历十月初十办婚礼的习俗。双十日举办婚礼，寓意着多子多福。如马山、上林、忻城、都安等地的壮族村寨，多有青年男女在这天办喜事。壮族的婚礼离不开酒。贵港一带的壮族先民有在初冬酿酒之俗，所酿之酒多用于婚礼等特殊场合。陈芝诰的《怀城四季竹枝词·十月酿酒》就说：

味备香甜胜四花，头冬美酒俗堪夸。
他年过礼迎新妇，十二坛应送女家。

立冬后各家酿酒，名曰“头冬酒”。酒又分为“三花”“四花”等不同的品质。据说这“花”，指的是因蒸熬次数不一样，摇动酒瓶时泛起的泡花，质佳者，酒花细，起数层花。诗人还介绍，当地壮族人凡迎娶必用酒，而以十二坛为最多。

受汉族文化影响，广西壮、瑶等民族也有提亲之俗。然而，他们往往以槟榔为提亲之物，“一掬槟榔便作媒”，提亲的对象则是歌圩上结识的意中人。清代曾任迁江县知县的贵州贵筑县（今贵州省贵阳市）人颜嗣徽有《迁江风土竹枝词》云：

婚姻聘礼最周详，亦有迎宾雅意将。
报李投桃都不用，敬人红纸裹槟榔。

只要送去了“说话槟榔”，这亲事就定下了。正如梁廉夫的《城厢竹枝词》里所说：

天然嘉偶好安排，选婿东床事已谐。
说话槟榔先送去，令他吃过莫相乖。

吃了定亲的槟榔，选好的夫婿可就不能改变主意啦！女方家收到聘礼，也开始准备嫁妆。冯度在《岑溪竹枝词》里写道：

青鲜蒟（jǔ）叶覆槟榔，小盒团栾远寄将。

更问花猪还几对，阿娘好办女儿箱。

槟榔是必须的定亲礼，同时送来的还有花猪、羊、酒等物。女方的母亲在仔细询问聘礼的种类和数目，好为自己心爱的女儿准备相衬的嫁妆，嫁妆里也包括女方自己织好的嫁衣。林文度在《贵阳竹枝词》里就说：

那时嫁女织机忙，满满花巾压竹箱。

待等槟榔来送喜，大家齐去听歌堂。

满满的箱子里装着多年织就的花巾和服饰，可见家人对新娘的疼爱。在婚礼前夕，女方家人更会为女儿送行，邀请新娘的女伴前来话别。谢启昆在《桂林杂咏》中云：

路上行人口似羊，猩唇如血醉槟榔。

银奁（lián）茶榼（kē）分贻遍，送老同来坐绣床。

岭南先民嗜嚼槟榔，如同羊嚼草，日久而唇红齿黑。待嫁的新娘将自己心爱的化妆盒、茶盒都送给了好姐妹。而这些好姐妹正在闺房中以歌惜别，陪伴她一整夜，祝福她与夫君白头偕老。蒋琦龄的《桂林竹枝词》描绘了新娘家中忙碌准备次日早晨送亲的情形：

试花十月早梅妆，盒子签题照两厢。

明日前堂列羔雁，新红夜染喜槟榔。

新娘试化上出嫁时的精致妆容，嫁妆都已经在厢房摆列好，就等明天大婚之日了。清代陆以耕的《迁江竹枝词》则记录了当地瑶族人送女出嫁的情形：

婚期将近备猪羊，不必亲迎费酒浆。

送嫁诸姑歌当哭，伴娘同路伞同张。

按瑶族的风俗，在婚礼当日，由送嫁女伴撑着伞陪伴新娘去往夫家，而不需要新郎前来接亲。新娘和女伴们一路走一路唱，表达着对娘家父母、兄弟姊妹等的依依深情，让人潸然泪下。

来到夫家，亲友们共赴宴席，觥筹交错，歌咏为乐，彻夜欢闹。

黄现琼在《凤山竹枝词》里描绘的壮族婚宴也同样热闹非凡：

新婚熟代数更筹，彻夜歌筵互唱酬。

牙叔面朝耳耸面，矮筵高唱兴偏遒。

在岭南，壮族人有“不落夫家”的习俗。黄文观在《凤山竹枝词》中写道：

瑶族婚礼

送迎昨夜甫登堂，尚属残灯伴晓霜。
何事暮婚晨告别，新娘毋乃太匆忙。

凤山县的壮族婚礼，新娘在姐妹的陪伴下在新房度过一夜，第二天就返回娘家了。各地壮族的婚俗大同小异，新娘回到娘家后还按之前的习惯生活，只是农忙时节才到夫家帮忙，直到女方怀孕生子才长住夫家。

在广西，土司土官之间的婚配之俗也颇为独特。马鼎梅在《邕管竹枝词》里有一首诗描绘了土司娶妻之俗与土司夫人的权力之重：

问名不学土人歌，纳币还凭递结多。
种得阶前怕婆草，佳词那用唱回波。

土司之间往往相互联姻。土司要纳聘之时，他所管辖的大小头目均要一同前往，并认土司夫人为“主母”。若土司有故，土司夫人可以沿袭土司之职，管辖一方。因此，坊间传说土司家有“怕婆草”故而忌惮妻子，不敢轻易废妻。《邕管竹枝词》中的另一首诗则描绘了土司新娘过门之时的情形：

粉项朱缨绶带香，夫人挂印有辉光。

散花广袖珍珠履，不数当年云亸（duǒ）娘。

土司娶正妻之时，以五色璎珞盛印为聘礼。新娘过门时将印章挂在脖子上，被称为“挂印夫人”。诗中提到的云亸娘，就是明代广西一位有名的土司夫人，她擅长兵法，曾与邝露往来甚多。在诗人笔下，她佩戴“文犀之印”，赫赫威仪，望若神人，举世无双。

农历十月十六，瑶族人有祭祀盘王（盘瓠）、过盘王节之俗。瑶族盘王节又被称为“还盘王愿”“跳盘王”“踏歌堂”“朝踏节”等。宋代范成大的《桂海虞衡志》中曾提到瑶族先民为盘瓠之后，有十月朔日祭祀“都贝大王”的习俗。“都贝大王”恐为盘瓠之别称。俞功懋的《合浦竹枝词》也记录了当地瑶族先民祭祀都贝大王的情形：

长官不怕怕鸡毛，十万荒山铙（náo）鼓豪。

良月小春都贝祭，斑衣狂舞口衔刀。

瑶族人杀鸡祭祀之后，要在鸡上粘上鸡毛表示神已接受，故此不得随意妄动。祭祀都贝大王之时，山间鼓乐齐奏，巫师身着斑斓神衣，口衔刀具，上“刀山”入“火海”，感恩祖先的庇佑。唐代著名诗人刘禹锡被贬朗州（今湖南省常德市）时曾作《蛮子歌》一首，其中亦有“时节祠盘瓠”之句。元代陈孚的《全州》一诗也提到了盘瓠：

城郭依稀小画图，佛光犹照铁浮屠。
斑烂归洞见盘瓠，格磔（zhé）满林闻鹧鸪。
蒸水北吞双练急，湘山南耸一螺孤。
停鞭欲问炎州事，不奈侏离见矮奴。

可见，瑶族人的盘瓠信仰至少已传承了千余年。马鼎梅的《邕管竹枝词》亦有一首提到了瑶族先民祭祀盘瓠的盛况：

踏瑶唱罢博亲双，熊鼓芦沙祀狗王。
莫把金肩轻负戴，高辛原是丈人行。

熊鼓、芦沙都是瑶族先民特有的乐器，常用于祭祀先祖。南宋周去非《岭外代答》记载：“芦沙之制，状如古箫，编竹为之，纵一横八，以一吹八，伊吮其声。”今天的芦笙就是由芦沙发展而来。如今，八桂瑶族人在过盘王节时主要使用黄泥鼓和大鼓。古时瑶族先民族内通婚，倚歌择配，谓之“博亲双”。据传说，帝喾（kù）把自己的女儿许配给立了战功的龙犬盘瓠，后盘瓠化为人形，二人到山中生活，生下六男六女，是为瑶人祖先。瑶族先民以男子的头为盘瓠之头，以女子的肩为公主的肩。故此，诗人以“金肩”指代女子，以“戴”指代男子，意在提醒年轻的姑娘们，瑶族女子均可算是公主之后，出身高贵，择偶当慎之又慎。

祭祀盘王的规模有大有小，大的全村全寨一起共度佳节，载歌载舞，歌颂盘王恩情，祈祷盘王护佑天下风调雨顺、子孙安康、五谷丰登，节日气氛浓烈，小的根据个人或家庭需要，向盘王祈求赐福。2006 年，由广西壮族自治区贺州市、广东省韶关市联合申报的瑶族盘王节入选第一批国家级非物质文化遗产代表性项目名录。广西贺州市富川瑶族自治县、来宾市金秀瑶族自治县等地的盘王节活动都久负盛名。

进入农历十一月，天气渐寒。人们有过冬至，为已故亲人送寒衣等习俗。这段时间，侗族人庆祝侗年，苗族同胞们亦欢度苗年。八桂多彩的民族文化各显光华。

冬至是中国历法中的“四时八节”之一，被视为冬季的大节日，中国民间有“冬至大如年”的说法。冬至这天，太阳光直射南回归线，是北半球白昼最短、黑夜最长的一天。从这天起，北半球的白昼将会逐日增长。中国古人很早就观测到了这一天文规律，并据此衍生出诸多庆祝之典。农赓尧有《冬至日偶成》一诗：

尽日饥驱晚更忙，灰飞黍谷暗回阳。

吟须向讶数茎短，惜晷（guǐ）刚添一线长。

［清］张若霭《墨妙珠林·冬至》　台北故宫博物院藏

怀古有情怜卧雪，征途何事叹亡羊。
谁家帐底添新醁（lù），却向前村典鹔鹴（sùshuāng）。

冬至那天，八桂人家多祭祖拜神，或晒冬粉（磨米为粉）做冬糍，或裹大粽，或做腊脯、炒米，或做沙糕、宰肥鸭、揉汤圆。有的地方要吃绿豆糍粑。不少地方已出嫁的女儿要回娘家，母亲们为她们蒸糯米饭、舂糍粑，还特地把它们染成红色。最有特色的是客家人的豆腐酿，把油豆腐挖空，放入混合好的肉馅，再蒸熟或煎熟，异常美味。

广西侗族的侗年亦与冬至有关，又被称为“吃冬节”，从前因按姓氏在农历十月底至十一月中旬之间过节，日期不一致，又称“姓氏节”。现在各地侗族经商讨，将侗年集中到农历十一月一日一起庆祝。清代浙江嘉兴（今浙江省嘉兴市）人、贡生史善煌有一首《漓江杂咏》，其中提到了侗族先民赶圩买盐之事：

落日辉辉隐树尖，酣回午梦觉犹甜。
趁圩侗客喧呼散，个个携归箬里盐。

在过侗年期间，各家或杀猪宰羊，或杀鸡杀鸭，请客访友，宴饮作乐。节日前一天，人们准备豆腐、鱼、虾，当晚用酸水煮熟，经一夜冷藏制成“冻菜”，节日当天以“冻菜”祭祀祖先。

广西不少地方也有为先祖“送寒衣”之俗。过去，在广西南宁，人们多在十月初十修理祖坟，举行冬祭。十一月天气渐冷，人们制纸衣焚化于坟前，叫“送寒衣”，以表追缅先祖之情。黄体元有一首《壬辰衣节烧亡母衣纸感寄》：

含泪焚香告，慈亲泉下人。
满期今岁好，偏比旧年贫。
衣纸凭赊账，蓬庐剩病身。
何时能建树，抚臆暗酸辛。

诗人为故去的母亲“送寒衣”，回顾自己这一年，孤苦伶仃，周身不遗一钱，就连这烧化的纸衣，都是靠赊账才拿到的。他想起年少时建功立业的豪言壮语，不禁悲从中来，涕泪俱下。

在有的地方，冬至前三日必为新葬者扫墓，名曰“拦冬”。陈芝诰的《怀城四季竹枝词·十一月拦冬》写的是贵港一带祭新坟的习俗：

惆怅新坟土未干，泉台冬至不胜寒。
一杯暖酒含愁奠，泪落如珠不忍弹。

冬至佳节，亲人已故。回想昔日相处的场景，祭拜的人忍不住热泪滚滚。

八桂的丧葬习俗包括殓尸、祭奠、送葬等环节。内亲外戚都会前来吊唁。黄文观的《凤山竹枝词》中说：

葬丧礼俗习从前，内赙（fù）族家外挽联。

子女三牲纷奠祭，阴罗马伞又长刀。

家人子女花费大量钱财，为亡人准备三牲祭礼，又要遵循传统，准备“守护”亡人的长伞、长刀等，希望亲人能在“另一个世界”过得富足愉悦。

诗人还有一首诗提到了当地客家人的丧葬习俗：

客家一遇老人亡，开路还须做道场。

经诵摩诃萨半卷，谓能超度上天堂。

在科学观念尚未普及之时，客家人认为只有请来道公做了道场，仙逝的老人才能升天，道公所诵经文掺杂了儒释道的内容，颇有地方特色。如今，做道场的观念随着时代的进步而日渐消亡。

八桂壮、汉等民族先民还有“拾骨葬”的习俗。拾骨葬又叫“二次葬”。老人离世后，先进行第一次土葬，礼仪简单，棺材也无须讲究。待到三年或五年后，请师公、道公算好吉日，开棺拾骨，将之放入瓮罐之中，待寻得风水宝地再另行安葬。黄文观的《凤山竹枝词》就描绘了当地的这种风俗：

葬请堪舆眼并参，寻龙山北又山南。
骼骸何器为装槚（jiǎ）？大小杉棺与白坛。

所谓“寻龙”，就是寻找有龙脉之气的地方，人们在接受科学观念之前认为，在二次葬时将装有先人遗骨的白坛安葬于这样的地方，自己和家人就能够得到庇佑并飞黄腾达。

颜嗣徽的《迁江风土竹枝词》也提到了武鸣一带的二次葬习俗：

武缘尚白比殷都，帕首如髽（zhuā）制甚殊。
此地金坛多野葬，瓦棺真欲效唐虞。

当地的老百姓以白为吉、为美，并不似中原汉族以白为丧凶之兆。故此，古人有“箫鼓不分忧乐事，衣冠难辨吉凶人”的诗句。无论是喜事还是丧事，岭南各民族都喜欢用鼓、笙等乐器，而从服饰上来看，他们平日喜戴白巾，遇丧事时反而要在白巾上点缀些红线来表示缅怀。当地男女服饰装扮差别不大，让外地来的客人一时难分。正如明代林弼在《龙州十首》中说：

峒丁峒妇皆高髻，白纻裁衫青布裙。
客至柴门共深揖，一时男女竟谁分？

苗年是苗族人最隆重的节日。融水苗族人从农历十一月十五日开始，按地域由西北往东南依次接续过苗年，直到十二月十五日才全部过完。节日期间，人们以猪、羊、鱼、糯米糍粑、美酒祭祖，热情接待走村串户的亲朋好友。盛装的青年男女加入芦笙队，跳起踩堂舞，以歌结友，欢乐无穷。清晨鸡啼时，妇女们则汲新水，祈求福祉。此外，芦笙赛、斗马、摔跤等民间娱乐项目亦十分盛行，热闹非凡。

清末邓万岁的《漓江杂诗》就提及了苗歌之妙，他或曾参与过苗年这一类的盛大活动：

壮花仡鸟亦天工，好采苗歌入国风。
君子居夷期不陋，所惭仕蜀让文翁。

岭南文化多奇彩，壮族的绣花和仡佬族的雕刻都巧夺天工，而苗族人最负盛名的便是他们的歌谣了，其水准之高都可以被收入《诗经·国风》了。《国风》

是历代君王体察民情的重要参考，里面反映的都是百姓的心声。故此，诗人感慨，文翁为官化蜀地，自己居住在广西，也应该尽到自己的责任，了解各民族的文化与生活，把百姓的心声传递到天子那里。

唐代诗人陈羽曾写过一首《送戴端公赴容州》，是送戴叔伦前往容州（今玉林市容县）任容州刺史、本管经略使时的赠别诗。诗中充满了对好友大有所为的期待，别有一番趣味。

分命诸侯重，葳蕤（wēiruí）绣服香。
八蛮治险阻，千骑踢繁霜。
山断旌旗出，天晴剑佩光。
还将小戴礼，远出化南方。

广西的民风民俗虽异于中原，但若执政长官以礼相待，以教相化，各民族百姓必定可以同心同德，守住边陲宝地。

农历十一月是古时农闲阶段的开始。以冬至为代表的八桂各民族节庆活动根植于中华悠久的农耕传统，展示中华民族文化多元一体的盛况。

融水苗年 | 黄云 摄

家家赛腊弄匏笙

农历十二月是中国传统历法中一年的最后一个月。此月天气寒冷，北风遒劲，偶有朔雪翻飘。八桂百姓开始准备祭灶过年，守岁祈福。清代余葆光的《送陈曾起宰荔浦诗》描绘了侗、瑶等民族先民庆祝腊月和新年的情形：

木巢竹屋满山城，罗女蛮童椎髻迎。
岁晏采香输税罢，家家赛腊弄匏笙。

人们用竹木在山中建造房屋，来了客人就热情地款待。到了岁末，赋税交完一身轻，老老少少都着节日盛装，弹起琴，吹起芦笙，聚众为乐。

冬日，广西百姓亦以围炉煮茶或饮酒为时尚。清代的平南女诗人罗柔嘉的《四时闺词》写的就是自己与好姐妹在冬日相聚的欢乐情形：

围炉相对意如何？滟滟金杯缓缓歌。

为问同群诸姊妹，阿谁咏雪得诗多？

她们聚在暖暖的火炉边，喝着香甜的美酒驱赶寒冷，吟诗作乐，好不潇洒。酒至酣处，诗人才想起来要数数看谁咏雪的佳作最多、最好。

岭南冬季亦有雪花翻飞的壮丽时候，你看农赓尧《山行口号》中描绘的那名年轻壮族女子：

山路泥泞朔雪飘，忽闻樵女唱归谣。

青莎复额斑烂湿，笑语咿呀过木桥。

虽然天气寒冷，山路湿滑，但这不常见的万里飘雪让砍柴的姑娘开心极了。汗水和雪水打湿了鬓发，然而她毫不在意，一路唱着歌谣回家，多么朴实可爱！

进入冬季，广西人将稻谷等农作物晾晒去壳，拿到市面上换些钱财，置办冬天的衣物和节庆用品。蒯嘉珍的《明江杂咏》再现了当地女性卖米换钱的情形：

男惰女勤风俗成，妇多赤足便山行。

破砻（lóng）刚值新粳贵，结伴肩挑入府城。

广西风俗，女亦经商，妇女常常赤足走山路去赶集。

"砻"就是给稻谷脱粒的工具——舂。妇女们舂好米，趁着新出的粳米市价高，相约着赶紧拿到城中卖掉。

农历十二月二十三、二十四日是送灶节，相传，灶王要回到天上向天帝汇报住家一年的表现，家家户户都要隆重地为他"饯行"。清代《横州志》载，腊月二十四夜，人们点香烛，供奉酒果送灶神，谓之"小年"。民间有"官三民四船家五"的说法，即官府腊月二十三日祭灶，民家一般在二十四日祭灶，船上人家则选择在二十五日来祭灶。农赓尧的《小年和韵》在戏谑揶揄中说自己这个贫困书生太过随性不羁，浑

［清］黄钺《和丰协象·黄羊祀灶》 台北故宫博物院藏

然不觉到了祭灶的日子：

炎凉非系灶，屋漏任吾天。
自得添长日，浑忘是小年。
有诗自兴起，无梦好安眠。
遥记春园夜，文章大块先。

在岭南，有的地方依据中原的传统用麦芽糖祭灶，让灶王上天多说好话，少说坏话；有的地方因地制宜地供上糯米汤圆，汤圆甜且黏，种田的人们都爱吃，何况灶王呢！吃了汤圆，灶王的嘴就又黏又甜了。壮族人祭灶时要杀一只公鸡，让灶王当马骑到天上去。祭品的差别反映了不同的民族文化心理，耐人寻味。

黎申产的《祀灶日大溶江阻雪，读王阮亭先生〈京江夜雪〉诗，即用其韵》抒发了自己在桂北过送灶节的复杂心情：

祀灶殷勤人布席，我独何为来古驿？
雪花如掌落纷纷，平地铺来将一尺。
冻极从他粟玉楼，莫嫌漂泊老春秋。
老梅渠肯冲寒发，才是花中第一流。

作者采用清代著名诗人王士祯的诗韵，讲述自己孑然一身看别人祭灶的情形。此时游子多已归家，准备阖家团圆共度春节，只有诗人对自己发出了灵魂的拷问：我为什么还独宿在破旧的驿站之中？为的大概是考取功名，报效国家，光宗耀祖吧？在大雪纷飞的时刻，诗人又暗自下了决心，要像那傲雪的蜡梅独立寒风，最先绽放！“粟玉楼”的典故来自苏东坡《雪后书北台壁二首》（其二）中“冻合玉楼寒起粟，光摇银海眩生花”两句，说的是被冻得起鸡皮疙瘩的意思。

祭灶揭开了春节的序幕，过节的气氛愈加浓烈，人们开始忙碌起来，迎接这个特殊的节庆。春节之前，游子必定归家，一家老小沉浸在欢乐的海洋里，张罗着添新衣，购香烛，置食品，买炮仗，包粽子……有雅兴的人家还会贴上新的对联和门神。每个人都满怀甜蜜的梦想与期望，翘首以盼春节的到来。

京族人有“腊月还福”之俗。东兴沥尾的京族人从腊月中旬开始到腊月二十九，一般要举办两项还福活动，一项是以自然村或者家族为单位的还福仪式，一项是以家庭为单位的还福活动，当地人称作“年晚福”。京族人祭神娱乐需要弹奏本民族的乐器——独弦琴。清代农周廪的《宁江竹枝词》有云：

一曲匏琴响未央，伏波祠外夕阳新。
无情最是红门土，埋玉埋香究几人？

据研究，诗中的匏琴指的就是独弦琴。在有的京族村寨，人们也在哈亭中祭祀伏波将军。

大年三十除夕夜，家家户户张灯结彩，热热闹闹，老老少少围在一起，吃上开心的团圆饭，一边守岁，一边利用这难得的机会与家人叙旧谈心，分享彼此的见闻，共同见证新一年的到来。唐代张说有一首《钦州守岁》：

故岁今宵尽，新年明旦来。
愁心随斗柄，东北望春回。

此时，家家户户都是欢喧热闹，老少同乐，只有这位被朝廷流放，远离故乡的诗人，还在盼望圣心回转，好回乡和家人团聚呢！

除夕之时，人们把有着美好寓意的食物都摆出来了。蒯嘉珍的《太平竹枝词》里说：

高烧红烛影初残，除夕人家馈岁盘。
一例往来无别物，沙糕糖饼共糍团。

香烛灯影之中，象征高升的沙糕和象征团圆的糍团，以及各色糖饼琳琅满目，过年的气氛更浓了。蒋琦龄在他的《桂林竹枝词》中也提到了糍团这种备受岭南人喜爱的食物：

糍团如月复如银，馈岁湘篮织竹新。
预约明年相贺晚，灯时来看看灯人。

诗人解释说，糍团又称年糕，“舂糯米为之，用以馈岁”。人们把糍团放在新编织的竹篮里，等着新的一年馈赠亲友、拜贺新年呢！

农赓尧的《甲子除夕》一诗则描绘了大家饮酒歌咏以待新年的特殊时刻：

［清］黄钺《和丰协象·村社迎年》 台北故宫博物院藏

东皇有约待朝元，谁是祖生一着先。
孤剑寒腾光斗极，片帆春色满江天。
未簪彩胜分花丽，已濯霜毫并雪鲜。
酌尽屠苏须共醉，凭将郢（yǐng）曲过新年。

陈芝诰的《怀城四季竹枝词·十二月守岁》里记录了大家忙碌做汤圆的情形：

搓罢团团百子圆，三更时候拜诸天。
相逢一笑齐恭喜，儿女争看压岁钱。

趁着守岁时搓好百子汤圆，等到跨年的时候（三更，即子时，指夜里十一点至一点）就拿去敬拜献神，以求得新年和和美美，圆圆满满。届时，亲朋好友互道恭喜，并将美好祝愿一并说全。而长辈则要给晚辈压岁钱，以表祝福和疼爱。

农赓尧另有《除夕和韵》一诗，以自嘲的口气表达了辞旧迎新，送走穷神的希冀：

谁家羯鼓向宵闻，自剪瓶梅带醉薰。
破去愁城无客岁，引来诗兴有东君。
雪装彩胜销残漏，露点宫花映晓云。
待旦朝元何处是，和歌还作送穷文。

黎申产的《癸丑除夕感怀》作于湖北安陆，诗中的“扁舟”“独客”“漂泊”等词，描绘了诗人一个人孤独守岁、感伤难挨的心境：

客岁此除夕，吟诗湘口驿。回忆同舟人，一一青云客。今年守岁仍扁舟，安陆城边独客愁。朋辈转眼如云散，岁月惊心似水流。不才飘泊诚吾分，搔头何必苍天问。只怜如此好关山，不堪鼙（pí）鼓声声震。舟子鸣钲祀鬼神，一家团聚笑相亲。因渠父母妻孥（nú）乐，感我东西南北人。吁嗟乎！良朋离别已堪悲，游子家庭况久违。船头满眼风尘色，贾岛谁怜自祭诗。

诗人自注说，去年他与黄东观等诸位诗友舟中吟诗，如今他们都已取得功名，青云直上。相较之下，唯独自己毫无建树，故而黯然神伤。偏偏除夕之夜四处鼓乐欢奏，就连船夫一家都忙着祭祀鬼神与先祖，其乐融融。只有诗人自己独守扁舟，思忆亲人同侪（chái），孤影自怜。

崔毓荃有《除夕》一诗，描绘了大家守岁饮酒的欢乐场景：

来朝新岁至，此夜万家忙。

有无皆渡腊，团聚一倾觞。

有钱没钱，喝酒过年。穷人富人，都要酬神过腊。在诗人的心里，家人能团聚在一起愉快守岁，就是人生最大的幸福了！

子时一到，八桂各地燃放爆竹，以贺新年。颜嗣徽的《迁江风土竹枝词》里有一首“有声音”的诗。你听，那玉佩叮当响，拜贺之声此起彼伏，而轰天响的花炮声，盖过了一切的声音：

金鱼玉佩响纵琤（cōngchēng），拜贺丹宸漏五更。

四境不闻曾柝警，轰雷花爆送春声。

新的一年在璀璨中开场，为人们带来了新的憧憬。辞旧迎新，在新的一年里，他们将会有新的经历，新的收获。正如崔毓荃《元日》一诗所云：

一年三百六，此日为之迈。

爆竹数声中，放开新世界。

人们以饱满的热情，耕耘着这块热土，从除夕走向新的元日，迎来另一个新春。他们生生不息，蓬勃向上，团结互助，一笔一画描绘着八桂的美好未来。